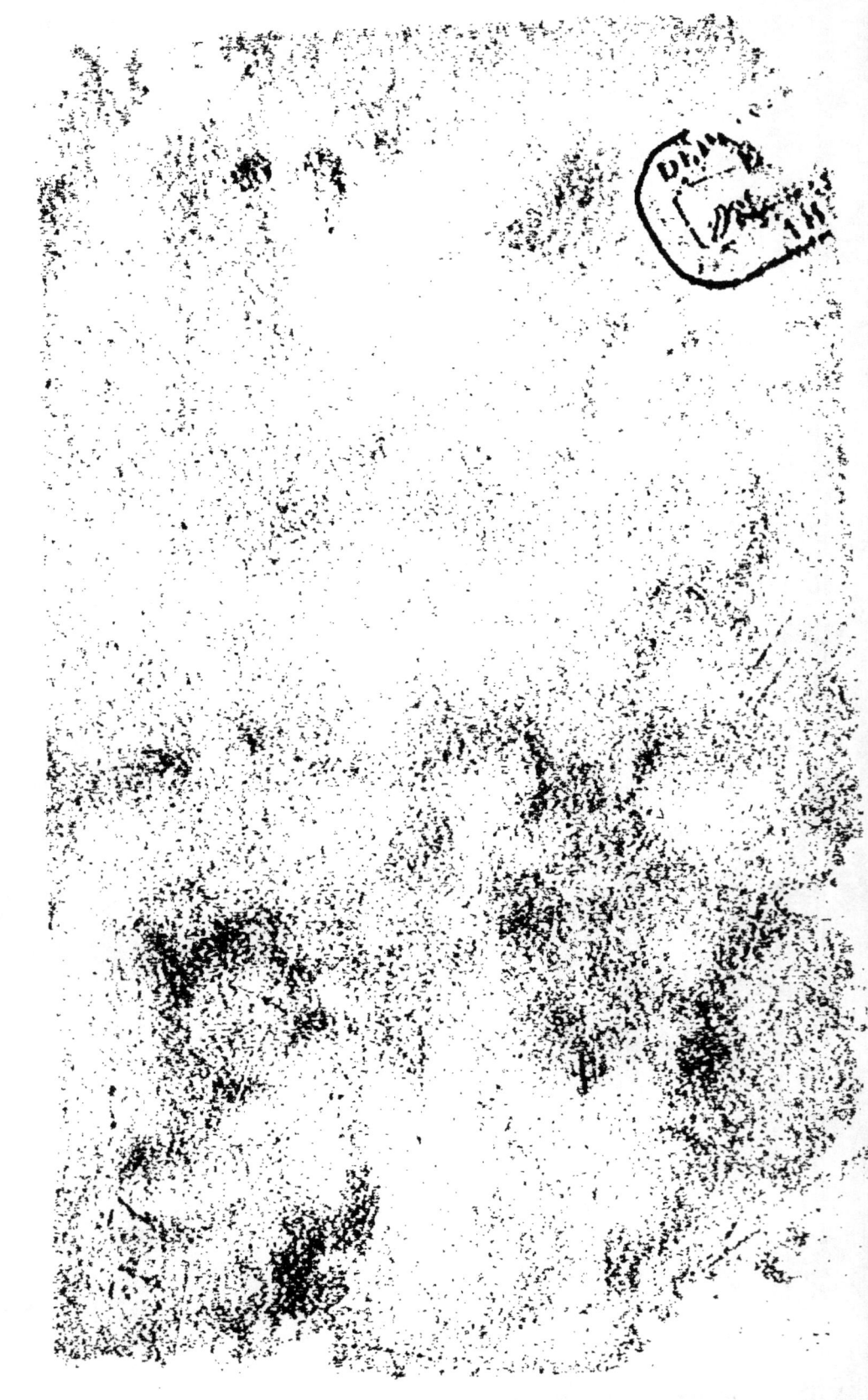

La Pucelle
ou
LA FRANCE DÉLIVRÉE

COLLECTION DES ÉPOPÉES NATIONALES

LA
Pucelle
OU LA
FRANCE DÉLIVRÉE

POÈME HÉROÏQUE EN DOUZE CHANTS

PAR

JEAN CHAPELAIN

de l'Académie française

Ouvrage en français moderne, revu et annoté

PAR

ÉMILE DE MOLÈNES

TOME I

PARIS

LIBRAIRIE MARPON & FLAMMARION

E. FLAMMARION, Successeur

26, RUE RACINE, 26

1891

JEAN CHAPELAIN

Ce n'est pas pour susciter de nouvelles querelles que j'évoque, aujourd'hui, une figure qu'on s'est plu trop souvent à caricaturer. Il ne s'agit ici ni d'un engouement factice, ni du paradoxe hasardeux de poser en génie méconnu l'auteur de cette *Pucelle*. Mon dessein est surtout de vulgariser une œuvre qui est dans le sentiment national actuel, et seconde la curiosité, — de plus en plus en éveil, — touchant les origines, les progrès et les perfectionnements dans l'art de notre langue.

Il importe, toutefois, de dire qu'on connaîtrait mal Chapelain si l'on prenait Boileau pour juge, ou si l'on s'en rapportait aux épigrammes dont le harcelèrent des poètes faméliques, exaspérés de sa fortune et de sa haute situation. On ne saurait, en effet, nier le rang en quelque sorte exceptionnel auquel il s'éleva. A l'heure présente, il n'est pas d'écrivain, parmi les plus célèbres, qui puisse se flatter d'avoir atteint le même niveau, — du moins comme homme et comme personnalité.

La destinée, — si parcimonieuse pour le grand nombre, — se fait parfois un jeu d'être prodigue pour un seul. Chapelain fut ce privilégié. Il avait trente-trois ans à peine, quand Malherbe mourut, en 1628; aussitôt toutes les espérances se portèrent sur lui. Et Corneille vivait!... Mais il était de deux lustres plus jeune et ce n'est que huit ans plus tard qu'il devait faire représenter le *Cid*.

Des doutes, des incertitudes avaient pourtant attardé Chapelain au seuil de la carrière. Nul ne se ressentait plus que lui de la double influence qui avait présidé à sa naissance et à son développement. Par son père, — qui était notaire au Châtelet, — il avait hérité toutes les qualités pratiques qui font l'administrateur intègre et prévoyant, l'homme d'affaires exact et ponctuel. Autre nature de la part de la mère, qui fréquentait avec les poètes et les romanciers. Elle avait connu Ronsard lorsqu'elle était jeune fille : elle se rappelait les honneurs dont il vécut environné, ceux qu'on rendit à sa mémoire après sa mort, et, dans l'exaltation de ses souvenirs, elle rêvait pour son fils d'une gloire pareille.

Sollicité dans l'un et l'autre sens, Chapelain s'appliqua à ne mécontenter personne. Pour répondre à l'attente du père, il étudia le droit et la médecine. Pour satisfaire les goûts de la mère, il n'épargna rien du côté des lettres et surtout de la poétique. A la connaissance approfondie du grec et du latin, il ajouta celle des langues modernes, à commencer par l'Italien et l'Espagnol.

Aussi bien préparé qu'il le fût, Chapelain resta assez longtemps indécis sur le parti qu'il devait prendre. Tour à tour il fit l'éducation de jeunes seigneurs et géra des biens de grandes familles. C'est ainsi qu'il s'acquit l'estime et l'amitié du marquis de la Trousse, grand prévôt de France, parent de Mme de Sévigné; qu'il se rapprocha du duc de Longueville, à la générosité duquel il dut le bien-être assuré pour toute la vie. Entre temps, il se livrait à des travaux littéraires : il traduisit *Guzman d'Alfarache* de l'Espagnol, il écrivit la préface de l'*Adone*, poème du chevalier Marini. — Les Italiens et les Espagnols étaient encore nos fournisseurs littéraires; le public français raffolait de leurs œuvres et nos écrivains avaient le tort de les imiter.

Les débuts de Chapelain éveillèrent l'attention. On s'entretint bientôt de lui, on vanta son caractère, l'étendue de ses connaissances, ses aptitudes. Le bruit en vint à Richelieu, qui voulut le voir. Le cardinal, comme on sait, « cultivait les muses », — avec moins de succès, toutefois, qu'il n'en avait en politique. Il voulut apprendre de Chapelain la règle des trois unités dramatiques, car il mettait une folle vanité à écrire pour le théâtre. — Cette règle ne comptait encore que de rares initiés.

Chapelain n'eut garde de laisser échapper une aussi belle occasion de se montrer poète. Il fit une ode qu'il dédia à son illustre élève et qu'on trouva très belle. Outre une pension de mille écus, elle valut à son auteur d'être pris pour arbitre et pour agent des libéralités du cardinal envers les gens de lettres. — Le tact et le discernement avec lesquels fut remplie cette mission valurent plus tard à Chapelain d'être chargé par Colbert de dresser et conserver la liste des écrivains français et étrangers dignes d'être pensionnés par Louis XIV.

Voilà donc un jeune homme, appartenant à une classe encore suspecte à la caste privilégiée, qui, en quelques années, se rapproche des grands, s'attire leur estime, mérite leur confiance, capte leur amitié. Il arrive au ministre, — le plus grand aux yeux de l'histoire, — et il en reçoit aussitôt une mission qui lui crée une sorte de souveraineté sur les intelligences. Quelle que soit la part accordée aux circonstances fastes, aux caprices de destinée, encore faut-il admettre que le jeune homme appelé à une collaboration si haute, — délicate entre toutes, — avait personnellement une valeur réelle, indéniable. N'eût-il fallu dresser qu'une liste d'animaux savants, Richelieu connaissait assez les hommes pour n'en pas charger le premier venu.

A l'exemple du cardinal, c'était à qui ferait maintenant le plus de cas de Chapelain. Nous avons vu qu'il était l'ami du marquis de la Trousse, du duc de Longueville; même qualité lui fut acquise auprès de la duchesse de Longueville, — l'héroïne de la Fronde; de la marquise de Sévigné, — la princesse Clarinte; de la marquise de Rambouillet, — l'immortelle Arthénice; de Julie d'Angennes, — l'Idole du Pays de tendre; de Mlle de Scudéri, — la moderne Sapho. Grands seigneurs et grandes dames, les plus austères comme les plus frivoles, avaient vu en lui l'homme nécessaire, chacun voulait se l'attacher. C'est à lui que le comte de Noailles, en 1632, offrit le secrétariat général de l'ambassade de Rome, à laquelle il venait d'être nommé. Le poste était séduisant; Chapelain aima mieux persévérer dans ce qu'il appelait « les occupations de son goût ».

Il ne lui eût pas été facile, en effet, de quitter Paris, à ce moment, tant étaient nombreux les liens que lui créait sa personnalité de plus en plus agissante. Depuis trois ans, il était à la tête d'un groupe de lettrés qui insensiblement avait pris les proportions d'un cénacle, et dont les réunions avaient lieu régulièrement chez Valentin Conrart, conseiller et secrétaire du roi. A ce rendez-vous des talents de l'époque, s'étaient d'abord rencontrés l'abbé Godeau, futur évêque de Valence, — le *nain de Julie d'Angennes*, — Gombault, les frères Habert,

Malleville, Giry, Serizay. Parmi les principaux qui vinrent ensuite, on trouve Desmarest, Montmort, du Chastelet, Bois-Robert, Colletet, Saint-Amant, Faret, Racan, Servien, Beautru, Séguier, Voiture et Guez de Balzac, — « le père de l'harmonie dans la langue française », et le fondateur de soupers littéraires où la bonne humeur était de mise.

Richelieu avait été vivement frappé de cette initiative. Il lui parut que les réunions tenues chez Conrart ne pouvaient rester stériles, et que dans ce concours d'intelligences était le noyau d'une institution à laquelle il serait glorieux pour lui de s'intéresser. Dès lors, vint au grand ministre l'idée de fonder l'Académie française. Mais un projet semblable voulait être étudié, élaboré, mûri. Richelieu s'en ouvrit à Chapelain; en même temps, il le chargea de rédiger des statuts, de tracer un programme des travaux et d'intervenir avec toute la diplomatie nécessaire pour recueillir les adhésions.

Chapelain s'acquitta au mieux de cette tâche. Il rédigea les statuts, — qui sont depuis restés les mêmes — arrêta le programme des travaux et, dans ses démarches auprès de tous, triompha des résistances, rompit les hésitations, fit taire les rivalités. Bref, grâce à son habile ascendant, à sa connaissance des affaires, à son génie organisateur, il mena à bonne fin une entreprise, qui sans lui n'eût peut-être pas de sitôt abouti.

La faveur qu'il s'acquit de la sorte n'est pas indifférente à sa mémoire. Aussi acerbes qu'aient été, de nos jours, certaines critiques, on reconnaît sans peine l'excellence de l'Académie, non seulement au point de vue des œuvres d'un grand nombre de ses membres, mais aussi par rapport aux œuvres des écrivains qui n'en font pas partie. C'est un foyer d'émulation dont l'influence s'étend à tous : à celui qui, secrètement ou d'une manière avouée, aspire au titre d'académicien, comme à celui qui affecte publiquement de n'en vouloir à aucun prix. Encore le rôle de celui-ci est-il très difficile. A moins de tomber dans le ridicule, il lui faut une supériorité vraiment éclatante, pour pouvoir faire parade d'un aussi invraisemblable éloignement.

Un décret royal, rendu au mois de juin 1635, consacra officiellement l'existence et le fonctionnement — déjà établis en principe — de l'Académie française. Le cardinal de Richelieu, — auquel revenait l'honneur de la fondation, — prit vis-à-vis d'elle le titre de Protecteur, titre qui, après avoir passé par le chancelier Séguier, un des membres, devait être revendiqué par Louis XIV. — Si j'insiste sur ce protectorat, c'est parce qu'il faillit être funeste à la compagnie, dès la première année de son existence.

Ce fut à l'occasion du *Cid*. L'ouvrage de Corneille — tiré d'une pièce de Guilhem de Castro — avait obtenu un magnifique succès auprès du véritable public. Ce succès, toutefois, eut à souffrir des susceptibilités de Richelieu qui, un peu avant, s'était attaché Corneille comme collaborateur dramatique, et qui, ne pouvant s'entendre avec lui, s'en était séparé en prétendant qu'il « *manquait de suite* ».

L'accueil inattendu qu'on fit au *Cid* ne pouvait manquer d'envenimer cette brouille. Le ministre se promit d'humilier un auteur qui se permettait ainsi de réussir sans son appui et sans sa participation. Fidèles à son mot d'ordre, les courtisans redoublèrent donc de violence pour prouver que le jour du triomphe d'une telle pièce était aussi celui « de la décadence du théâtre ». Richelieu ne se tint pas pour satisfait. Il en appela à l'Académie elle-même, — à la complaisance de laquelle il se croyait tout droit, — et la mit en demeure d'avoir à prononcer sur la question.

C'en était fait de la Compagnie, si, entraînée par la reconnaissance, elle eût, à ce moment, méconnu son devoir. Chapelain le premier avait compris le péril, et son attitude décida de celle de ses collègues. C'est lui qui rédigea, au nom de tous, le célèbre opuscule : *Les Sentiments de l'Académie française sur la tragi-comédie du* CID. Ces sentiments donnent raison à l'auteur et au public contre Richelieu et la cabale. Ils sont plus qu'un acte d'indépendance, de justice et de probité, ils sont également le premier pas de la critique raisonnée s'attachant à une œuvre française, dans un temps où il n'existait aucune loi certaine sur laquelle on pût se baser.

Cet arrêt eut une portée immédiate et décisive, grâce à l'habileté avec laquelle Chapelain envisagea l'ouvrage, aux connaissances qu'il déploya en faveur de la vérité, et aux idées, non seulement élevées mais encore dignes d'un homme de goût, qu'il appliqua à l'art dramatique. Richelieu, bien que désappointé, se tint pour battu, et même il n'en garda rancune à personne. Ce géant antiféodal accoutumé de traiter de pair avec les représentants de l'intelligence, se réservant de faire sentir à d'autres le poids, parfois atroce, de son ressentiment et le joug, toujours inflexible, de ses despotiques volontés.

Chapelain devint dès lors, — si déjà il ne l'était avant la publication des *Sentiments de l'Académie*, — l'oracle des gens de lettres et en particulier des poètes de l'époque. Il travaillait désormais à son poème de la *Pucelle*, et chacun voulait voir à l'avance, dans cette œuvre, ce qu'on appelait avec emphase : « Le plus beau monument du génie humain. »

Loin de se féliciter d'une telle attente, l'auteur en souffrait, au contraire, car il n'était pas de ces écrivains qui abusent des promesses pour tromper le public. C'était un esprit droit, une âme loyale, un cœur sincère. Comme savant, il était apte aux plus belles choses, mais le poète en lui était dominé par un excès de qualités pratiques. Il avait beau avoir subi l'influence maternelle, être resté imprégné du culte de Ronsard, l'hérédité paternelle étendait sur sa fiction l'ombre du Châtelet. Il y avait lieu de craindre que la pondération, qui avait fait jusque-là sa supériorité, ne devînt pour lui une entrave dans les vastes espaces où se meut l'épopée.

Quelle que fût l'opinion que Chapelain avait de lui-même à cet égard, il était trop engagé vis-à-vis de tous pour pouvoir reculer. Le duc de Longueville, son protecteur et son ami, lui avait d'ailleurs coupé la retraite, en instituant, en sa faveur, pour faciliter le long travail de son poème et en écarter tout souci matériel, une pension viagère de mille écus. Le descendant du grand Dunois ne pouvait oublier que le premier de sa race allait se retrouver au premier plan d'une œuvre qui, à peine commencée, faisait événement, et c'est en grand seigneur qu'il entendait payer sa gloire, quelque réelle qu'elle fût. Le devoir qui s'imposait de ce côté et la pression exercée par l'opinion en général condamnaient donc Chapelain à subir l'épreuve la plus périlleuse qu'un poète puisse tenter.

Il n'est pas besoin d'insister, je pense, sur la difficulté, tant de fois reconnue, que présente le poème épique. Son genre commande l'envolée la plus haute et l'art le plus soutenu, — encore ne répond-il presque jamais à l'effort qu'il nécessite. Non seulement les modèles impérissables que nous ont laissés Homère et Virgile n'ont pas été égalés, mais encore l'exemple qu'ont donné le Tasse, Camoëns, Klopstock et plusieurs poètes français, en voulant s'en rapprocher, n'a pas été suivi. De toutes les langues européennes modernes, il en est à peine quatre dans la littérature desquelles figure le poème épique. Dante et Milton, comme on sait, n'ont triomphé que dans un genre plus approprié à leur génie.

Si la France a été particulièrement féconde en épopées, cela tient à son histoire, comme aussi à la fièvre d'héroïsme et de chevalerie qui, à différentes reprises, a influencé sa littérature. Avant Corneille et la tragédie, ce genre était le seul auquel un poète pût recourir, dès que sa conception dépassait le cadre de l'ode ou de l'épître. Chapelain n'avait donc pas eu à choisir; mais, bien qu'il doutât de lui-même, il s'était attaché à l'épopée avec d'autant moins d'hésitation qu'elle lui fournissait le moyen de marcher sur la trace du poète auquel l'avait lié une admiration atavique. La *Pucelle* est venue de la *Franciade* de Ronsard, et ces deux poèmes n'ont pas été vraisemblablement indifférents aux déterminations que prirent, par la suite, Voltaire et Alexandre Soumet d'écrire, l'un la *Henriade*, l'autre la *Divine épopée*.

Si Chapelain savait combien serait nuisible à son œuvre la trop grande attente qu'on en avait, il ne prévoyait pas, en revanche, que la langue dans laquelle il la commençait subirait un jour la réaction préparée par les hommes de la génération nouvelle. Fidèle à son point de départ, il apporta, pendant vingt ans, un soin immuable à écrire et à terminer son poëme; et, lorsque celui-ci fut publié, la réforme classique était en voie de s'accomplir. En sorte que la *Pucelle*, démodée avant même d'avoir paru, arrivait juste à temps pour fournir à certains l'arme avec laquelle ils s'efforceraient d'abattre la personnalité de plus en plus envahissante de l'auteur.

Chapelain s'était pourtant montré plein de bienveillance envers la jeune génération, chaque fois qu'il lui avait été donné d'encourager ses essais ou de faciliter ses débuts. C'est de lui que Racine prit conseil, lorsque, encore inconnu, il fit son ode : *Les Nymphes de la Seine*. Colbert, sur la demande de Chapelain, envoya, de la part du roi, cent louis au jeune poëte; un peu après, il lui fit une pension de six cents livres.

Boileau, par contre, fut loin de produire une aussi vive impression, — et cela se conçoit, — quand il lut à l'hôtel Rambouillet, devant les « oracles revérés » de la maison : les *Adieux d'un poète à la ville de Paris*, sa première satire. La froideur qu'on lui marqua, en cette circonstance, lui laissa une grosse amertume au cœur; la rancune qu'il témoigna plus tard à une foule de gens vint en partie de la déconvenue qu'il avait essuyée ce jour-là.

Loin de moi la pensée de contester à Boileau l'art admirable avec lequel il écrivait en vers et son éclectisme en tout ce qui touche au langage rythmé. Cependant, l'enseignement classique n'a-t-il pas exagéré l'empire que ce législateur du genre et de la forme exerça sur la littérature du grand règne? Est-il vrai que son influence ait hâté le développement des génies qui se produisirent et que son esthétique ait été la source d'une foule de chefs-d'œuvre?

L'exagération en tout ceci est manifeste. Supposons que Boileau n'ait jamais existé. Pense-t-on que le xviie siècle semblerait pour cela de beaucoup amoindri? Je ne parle pas de Corneille, — puisqu'il avait précédé, — mais Molière et Racine eussent-ils été inférieurs à ce qu'ils ont été? La Fontaine en eût-il moins produit ses *Fables* et ses *Contes*? En quoi Boileau pouvait-il imprimer une direction à ces poètes incomparables? Qu'était-il, d'un autre côté, aux prosateurs qui contribuèrent pour une si large part au perfectionnement de notre langue? Est-ce que Rabelais et Montaigne, longtemps avant, n'avaient pas préparé la voie? Boileau avait-il par hasard enseigné l'éloquence à Bourdaloue, à Massillon, à Bossuet? Est-ce lui qui avait dicté à ce dernier l'*Eloge funèbre de la reine d'Angleterre* et son *Discours sur l'Histoire universelle?* Est-ce lui qui avait initié Fénelon à un genre inconnu à l'antiquité elle-même, avec *Télémaque?* Est-ce lui qui avait guidé Larochefoucaud dans le choix de ses *Maximes*, qui avait fourni à Pascal le modèle de ses *Lettres provinciales*, qui avait aidé La Bruyère à tracer ses *Caractères?*... Boileau n'eût jamais existé qu'il ne manquerait rien à la grandeur du xviie siècle; — quelques épîtres et le *Lutrin* à peine, ça serait tout.

La convention classique, — qui est l'arche de la routine, — a tellement surfait Boileau qu'on est tenté de prendre pour un acte de justice relative les sévérités excessives dont le soi-disant législateur du Parnasse fut l'objet de la part de la génération de 1830. En cela, le romantisme ne fit, d'ailleurs, que paraphraser la sentence que Marmontel, sous une forme exquise de malice, rendit un jour en pleine Académie :

> Que ne peut point une étude constante
> Sans feu, sans verve et sans fécondité !
> Boileau copie, on dirait qu'il invente,
> Comme un miroir, il a tout reflété.

Avant Marmontel, Voltaire avait dit :

> Qu'il peigne de Paris les tristes embarras,
> Ou décrive en beaux vers un fort mauvais repas,
> Il faut d'autres objets à notre intelligence.

C'est encore Voltaire qui taxa les *Satires* de « Fautes de Jeunesse ». Cependant, lorsqu'elles furent publiées en 1666, leur succès fut considérable. Il ne tint pas, il est vrai, aux satires elles-mêmes, il vint de ce que personne n'avait encore écrit aussi correctement en vers : succès d'ajustement, de mot propre, de cadence, de période, d'harmonie. Par contre, ces satires n'avaient rien d'approfondi et l'auteur, sous ce rapport, eût bien fait d'imiter Pope jusqu'au bout.

Autre chose est *l'Art Poétique*, dans lequel il faut faire entrer la haute collaboration d'Horace. — C'est égal, il gagne encore à être lu en latin. Les *Épîtres*, à la bonne heure ! Mais alors même que l'auteur y déploie de magistrales qualités, on y trouve toujours les défauts qui amoindrissent son œuvre : le manque de variété, d'originalité, de souplesse, une persistante monotonie et par-dessus tout ce qu'Helvétius — pour une cause à laquelle on ne peut s'arrêter, — a défini : « La disette de sentiment. » Jusque dans la célèbre épître inspirée par le passage du Rhin, cette disette se fait sentir. Au milieu du plus beau lyrisme, la fibre patriotique est en quelque sorte inerte. Constamment, le poète a les yeux tournés vers le rivage où se tient Louis XIV, et c'est à peine s'il prend garde à ce que nos troupes font de l'autre côté.

Que dire encore du *Lutrin*, ce poème par lequel Boileau s'efforça de remporter la palme dans le burlesque, genre dont on avait abusé de toutes façons, depuis plus d'un siècle et demi ? Le *Lutrin !...* C'est donc là tout ce qu'avait inspiré à Boileau ce siècle de Louis XIV ? Devant une aussi pauvre conception, comment ne pas croire au pénible accident qui, dès la tendre enfance, avait stérilisé le cœur et l'âme du poète ? Rien ne détonne, dans la splendeur de cette époque, comme la lamentable gaîté que le législateur du Parnasse apporte à cet ouvrage. Avant de l'entreprendre, il eût vraiment bien fait d'aller trouver celui qu'il appelait brutalement « ce misérable Scarron, » — alors que Scarron n'était nullement misérable, et que tout lui réussissait, — afin d'en obtenir quelques bonnes leçons de véritable savoir-rire. Au moins, ce *gaillard*-là entendait la plaisanterie.

Mais ce n'est pas l'exagération qu'on attache au personnage qu'il faut regretter, dès qu'il s'agit de Boileau, c'est surtout l'abus qu'on a fait de son œuvre pour dispenser en quelque sorte les jeunes générations d'étudier par elles-mêmes le mouvement intellectuel dont procède le xviie siècle. C'est à peine si Boileau a fourni quelques indications dédaigneuses à cet égard; Malherbe seul, son précurseur, a trouvé grâce auprès de lui. L'essentiel pour le législateur du Parnasse était d'accaparer en faveur de son époque et particulièrement de lui-même un progrès dans lequel, pour peu qu'on y regarde, on voit l'effort de plusieurs siècles et la recherche d'un nombre incalculable de talents.

« L'Etat, c'est moi, » a dit Louis XIV, non sans quelque motif. Mais qu'eût été cet Etat, si le roi soleil n'avait pas été précédé sur le trône par Louis XIII d'abord, et encore par Henri IV, par François Ier, par Louis XI? Il en est de même dans les lettres. Boileau nous dit : — « Le Parnasse, c'est moi. » Aussitôt, tout le monde de répéter : — « Le Parnasse, c'est lui. Lisez Boileau, rapportez-vous-en à Boileau, n'allez pas plus loin que Boileau ! »

Dire que notre littérature a commencé si près de nous, c'est étrangement méconnaître la nature de l'esprit humain, dont la marche est toujours lente et difficile. Le premier maître de notre langue, — le seul qu'on ne puisse contester, — c'est l'Esprit Gaulois; — encore n'appartient-il pas à un seul. Bien avant Boileau, bien avant Malherbe, on trouve une série d'œuvres nettement tranchées qui sont la note propre du génie de notre race. Marot avait eu pour prédécesseurs des écrivains, des poètes pleins d'élan et de verve, capricieux, badins, folâtres, dont il conserva l'héritage pour le transmettre à ses successeurs.

Ronsard, du Bellay, Baïf et toute la pléiade réagirent, par la suite, dans un ordre plus apprêté, plus savant, plus pompeux, afin de donner à la langue une ampleur et une majesté qui lui manquaient. A la sève gauloise ils mélangèrent la substance des Grecs et des Latins, leurs règles, leurs conventions et préparèrent ainsi le progrès que Malherbe réalisa dans son imitation, devenue plus sobre et plus intelligente, des mêmes modèles. L'élément premier, néanmoins, ne perdit pas ses droits, soutenu comme il le fut par Mathurin Régnier, l'admirable artiste de débauche, et par le gros Saint-Amant, dont l'œuvre, tantôt noble, tantôt licencieuse, se divise entre les deux écoles. Bien supérieur aux Tristan, aux Maillet, aux Pelletier, celui-là n'est aucunement inférieur à Malherbe, et, sans cesser de se mesurer avec lui, il transmit la tradition de Marot à nos romantiques et à plusieurs de nos contemporains, par l'intermédiaire de La Fontaine, de Molière, de Voltaire et de Diderot. L'Esprit Gaulois chevauche par-dessus les renaissances, enjambe toutes les réformes. C'est en lui, je le répète, qu'il faut voir le premier et le principal maître de notre langue.

Boileau est pour ainsi dire la négation de ce passé. Selon lui, la poésie française est toute dans la règle et dans la convention. La règle, c'est lui, la convention, c'est lui; hors de là point de salut. Et le caractère gaulois, qu'en fait-il? A ses yeux, c'est la tache originelle qu'il importe d'effacer, et voilà pourquoi il étend son Parnasse sur le lit de Procuste d'une littérature étrangère. Il est, d'ailleurs, parfait dans tout ce qu'il enseigne, il s'offre lui-même en magnifique exemple pour proser de la rime et rimer de la prose, mais dès qu'il touche aux personnes, il perd toute mesure. Tantôt il exalte sans motif, tantôt il dénigre sans cause; sa critique manque le plus souvent de méthode; il ne justifie rien de ce qu'il avance. En plusieurs cas, il feint une ignorance impardonnable. Ainsi, a-t-il jamais pris garde à nos vieilles poésies féodales qui « manquent de règle », on n'en disconvient pas, mais qui ont aussi parfois une saveur exquise? Le seul nom qu'il a sauvé du moyen âge, le seul maître qu'il y reconnaît, ce n'est pas Thibault de Champagne, ce n'est pas le duc d'Orléans, c'est le truand Villon. Celui-là avait-il par hasard plus de règle que les deux autres?

Que penser encore du silence, par trop obstiné et beaucoup moins excusable, qu'il garde vis-à-vis de La Fontaine? Ce nom ne se retrouve nulle part dans ses vers. Lui qui estimait si fort un sonnet sans défaut, pouvait-il à ce point méconnaître la fable et surtout le Fabuliste ? On sait bien que La Fontaine lui aussi empruntait aux anciens, mais il les surpassait chaque fois, chose qui n'arriva jamais à Boileau, — je ne dis pas d'emprunter, mais de surpasser. Il ne pouvait cependant pas ignorer l'existence de La Fontaine, puisqu'il l'avait eu pour concurrent, la première fois qu'il se porta candidat à l'Académie. Celle-ci n'hésita pas un instant ; elle choisit le Fabuliste. Boileau dut attendre encore quelque temps.

S'il avait été impuissant à humilier un génie incomparable, il ne fut pas plus heureux quand il entreprit de mettre Segrais et Voiture au premier rang de ses contemporains. Où plutôt je me trompe ; il avait tant prôné Voiture qu'on finit par le mettre au-dessus de lui-même, à l'occasion du sonnet d'*Uranie* ; et pareille bonne fortune advint à Benserade, pour son sonnet de *Job*. La cour et la ville ne comptèrent plus que des *Uranins* et des *Jobelins*. On faillit se battre pour deux sonnets, — deux sonnets qui sont loin de valoir celui d'Arvers.

Si Boileau excellait dans les préceptes, — toutes les littératures en sont pavées de préceptes, — il ne mesurait pas, par contre, suffisamment ses attaques ; aussi lui arriva-t-il parfois de les regretter. Dans la préface de plusieurs éditions de ses œuvres, il a lui-même écrit : « En reprenant, dans mes satires, les défauts de quantité d'écrivains de notre siècle, je n'ai pas prétendu pour cela ôter à ces écrivains le mérite et les bonnes qualités qu'ils peuvent avoir, d'ailleurs. Je n'ai pas prétendu, dis-je, que Chapelain, par exemple, quoique assez méchant poète, n'ait pas fait autrefois, *je ne sais comment*, une assez belle ode, et qu'il n'y eût point d'esprit ni d'agrément dans les ouvrages de Quinault, quoique si éloignés de la perfection de Virgile. J'ajouterai même sur ce dernier que, dans le temps où j'écrivais contre lui, nous étions tous les deux fort jeunes et qu'il n'avait pas fait alors beaucoup d'ouvrages qui lui ont, dans la suite, acquis une juste réputation. Je veux bien aussi avouer qu'il y a du génie dans *les écrits* de Saint-Amant, de Brébeuf, de Scudéri et de plusieurs autres que j'ai critiqués et qui sont, d'ailleurs, comme moi, très dignes de critique. »

Le voilà donc revenant en partie sur le compte de Chapelain auquel il reconnaît une assez belle ode. Plus tard, quand celui-ci mourut, il n'hésita pas, s'il faut en croire Mme de Sévigné, à faire entièrement amende honorable. Même retour en faveur de Quinault, « quoique si éloigné de la perfection de Virgile ». Qu'est-ce que la perfection de Virgile peut bien avoir à faire avec Quinault ? Ce que Boileau oublie, c'est que, lorsque les satires parurent, le célèbre librettiste avait déjà fait la

Mère coquette, pièce à la fois de caractère et d'intrigue, et même modèle d'intrigue. C'est la première comédie où l'on ait peint ceux qu'on a depuis appelés les *Marquis*. La réparation faite à Saint-Amant est dérisoire. Par contre, Scudéri, poëte et capitaine, et M. de Brébeuf, auteur de la *Pharsale*, n'ont pas trop à se plaindre...

Boileau, comme on vient de voir, avait l'humeur chagrine et le caractère enfiélé de quelqu'un qui souffre de « sa disette de sentiment ». Tout l'indisposait : les hommes, les femmes, le monde, les plaisirs, ses amis eux-mêmes n'étaient pas à l'abri de ses boutades. Il souffrait de tout et de tous. Ce qu'il n'avait pas pardonné à Chapelain, c'était la haute influence qu'il exerçait ; il ne pouvait souffrir d'entendre sans cesse résonner ce nom à ses oreilles. En vain il l'avait pris à partie de toutes les façons, en vain il avait déchargé sur lui toutes ses biles, ce nom lui revenait sans cesse comme un cauchemar. Chapelain était pour lui une sorte d'obsession, une hantise, et l'exaspération qu'il en avait était d'autant plus vive que toutes ses attaques n'ébranlaient en rien le crédit du bonhomme. L'auteur de la *Pucelle* était plus que jamais le personnage nécessaire, indispensable ; on avait beau le prendre pour cible, les traits les plus acérés le laissaient indifférent. Et Boileau enrageait de cela comme de mille autres choses. Plus rien ne lui agréait et ne pouvait le satisfaire ; il fallait qu'il détestât, qu'il détestât encore : les gens, l'abbé Cotin, tout le monde et lui-même!

Venons-en, maintenant, à cette *Pucelle* qui, après avoir bénéficié de tant d'éloges, devait succomber à la longue sous une tempête d'épigrammes. J'ai commencé par dire que je n'entendais pas faire de Chapelain un génie méconnu ; j'aurais pu ajouter : « et encore moins recommander la *Pucelle* comme un chef-d'œuvre ». Elle est ce qu'elle est, c'est-à-dire une œuvre inégale, mais vivante, une œuvre où l'on trouve ce que Boileau était incapable de faire vibrer : la fibre nationale. Oui vraiment, ce Chapelain « dont le bon sens était si grand en toutes choses », comme a dit le cardinal de Retz, ce Chapelain avait devancé son époque dans ce que j'appellerai l'*esprit de nationalité*. Mieux que la plupart de ses contemporains, il sentait ce que veut dire le mot : Patrie ; et il en avait l'enthousiasme. Bien plus, il avait compris son héroïne à son double point de vue, à celui de la mission immédiate comme à celui de la mission éventuelle. Envisageant la possibilité de désastres à venir, il avait relevé ce symbole de délivrance et de représailles dans les champs de nos désastres passés. En cela, il avait la conception que nous avons eue depuis, il avait vu en Jeanne d'Arc le personnage Ame, qui s'étend impérissable d'une frontière à l'autre et qui enflamme les héroïsmes chaque fois que la patrie est en danger!

Et voilà comment Jeanne d'Arc est si grande à nos yeux, désormais. Elle est grande parce qu'elle est pure comme l'esprit qu'elle représente, elle est grande parce qu'elle est héroïque, parce qu'elle est martyre! Elle est grande parce qu'elle symbolise l'élément divin qu'on retrouve toujours dans les maladies qui travaillent les peuples et les États!

Les fièvres chaudes de rébellion, les léthargies de servitude, les catastrophes qui semblent le plus irréparables sont régies d'en haut par d'insondables décrets. « Quand la Providence a quelque dessein, disait Guez de Balzac, un des dédaignés de Boileau, il ne lui importe guère de quels instruments et de quels moyens elle se serve. Entre ses mains tout est foudre, tout est tempête, tout est déluge, tout est Alexandre, tout est César! Elle peut faire par un enfant, par un nain, par une femme ce qu'elle a fait par les géants et les héros, par les hommes extraordinaires... Il y a bien je ne sais quelle hardiesse qui menace de la part de l'homme, mais la force qui accable est toute de Dieu! » C'est cette force qu'il faut voir en Jeanne d'Arc, et c'est à cette force qu'il faut attribuer le culte miraculeux dont on environne aujourd'hui la mémoire de l'humble bergère, devenue la consolation des désastres passés et la promesse triomphante des batailles de l'avenir!

Tel qu'il est, le poëme de la *Pucelle* est beaucoup plus fait pour répondre au goût de notre époque qu'à celui du siècle où il parut, non seulement par rapport à la signification qu'a pour nous l'héroïne, mais aussi par rapport à sa forme littéraire elle-même. Eh! mon Dieu, oui, cette pauvre *Pucelle*, qui avait tant souffert de la réforme classique, à son apparition, pourrait bien bénéficier du discrédit dont le classicisme, depuis, a été lui-même atteint.

Tout ce qui est dicté par la plus saine raison ne peut longtemps être neuf et encore moins original. Le moule imposé par la réforme classique aux œuvres françaises était trop absolu et trop étroit pour qu'il convînt indéfiniment. Les manifestations de l'esprit ne sauraient, d'ailleurs, suivre toujours une voie uniforme, et la vie littéraire d'un peuple, de même que sa vie politique, est sujette à des changements.

Nous avons déjà vu la lutte engagée, sous différentes formes, entre l'esprit gaulois et la convention classique. Le triomphe de celle-ci ne pouvait pas toujours durer; les réactions se sont renouvelées à la suite dans le même ordre, mais avec une physionomie à part.

Il n'est pas d'époque qui ait porté plus loin que le XIXe siècle ses recherches et ses investigations.

Le romantisme, le positivisme, le naturalisme, le décadentisme, l'idéalisme, le spiritualisme, le symbolisme, toujours par le même jeu de bascule, ont tour à tour désarticulé, disloqué, désossé notre langue. Le classicisme est maintenant battu en brèche jusque dans ses données les plus essentielles et ses règles les plus respectables. Que restera-t-il, avant longtemps, de la Poétique immuable proclamée par Boileau, si le symbolisme, emporté par son baudelairisme, son polymorphisme, son métaphorisme, parvient, comme il l'entend, à faire adopter sa doctrine ?

Il ne faut pas croire, d'ailleurs, que le symbolisme soit un semblant d'école uniquement engendré par le nervosisme et le trouble cérébral de notre époque. M. Brunetières, l'éminent critique de la *Revue des Deux-Mondes*, a récemment encore établi sa filiation et rappelé le rôle qu'il a déjà joué anciennement. Depuis Maurice de Scève et les Lyonnais, qui frayèrent la voie à Ronsard, on le trouve attaché comme phase intermédiaire à toutes les renaissances de lettres. C'est lui qui, avec les Précieux et les Précieuses, déblaya le terrain où s'accomplit la réforme classique ; c'est lui qui, avec Bernardin de Saint-Pierre et Chateaubriand, amena la formation de l'idée romantique. Maintenant, que nous présage le symbolisme actuel ? Attardé comme il est dans sa forme, absorbé presque exclu-

sivement par des combinaisons de mots et les
« veules » imageries, on ne saurait prévoir.

La *Pucelle* est une œuvre de transition qui traduit une attente pareille. Sa conception est nettement symbolique et la polymorphie de sa langue, sans rien perdre du côté des Grecs et des Latins, sans rien épargner de l'emphase espagnole et du « clinquant » italien, va de Ronsard à Corneille, en passant par l'hôtel Rambouillet. C'est une œuvre curieuse à observer si l'on songe aux rapprochements, et surtout si l'on tient compte de l'époque formidable à laquelle le sujet nous ramène; elle est d'autant plus curieuse que ses défauts eux-mêmes, — « son ronsardisme », — comme aurait dit Malherbe, contribuent à son caractère. Il est peu d'ouvrages offrant un tel mélange d'éléments décoratifs et de matières prodiguement assemblées avec un art inégal, sans doute, mais toujours plein d'élévation. Si l'influence de Ronsard y domine, le souffle de Corneille, souvent, s'y fait aussi sentir.

La partie descriptive contraste habilement avec le tumulte, à tout instant, renouvelé de l'action. Le poète s'entend au mieux à peindre le paysage; il en sait la grâce, la fraîcheur, la richesse et la majesté. Les figures de femmes, au second plan, sont également l'objet d'un soin extrême. Leur ajustement est un peu précieux, peut-être, mais leur souriante vision entretient la clarté dans le sombre tableau.

Pour peu que nos symbolistes veuillent constater par eux-mêmes qu'il n'est rien de nouveau sous le soleil, ils n'auront qu'à lire ce poème, où ils se reconnaîtront en plus d'un point. Pour peu qu'ils tiennent à se rapprocher davantage de leurs origines, ils pourront, par la même occasion, reprendre Ronsard ou bien aller passer quelques instants à l'hôtel Rambouillet.

Là et ailleurs, ils trouveront en pleine floraison la métaphorie qu'ils croient avoir inventée, les images qu'ils multiplient à dessein, les locutions qui leur sont familières et les épithètes qu'ils affectionnent le plus.

Là, ils rencontreront, à chaque pas, les *neigeuses montagnes*, les *sources ondeuses*, les *blanches bergeries*, les *rousses vacheries*, la *rapineuse engence*, les *oiseaux ramageurs*; ou bien, ils auront la sensation des baisers aux *saveurs larronnesses*, des *façons tenteresses*, de toutes les déliquescences, en un mot, dont abusaient Précieux et Précieuses — les ridicules, cela s'entend, — au point de faire dire à Mme de Sévigné: « Leur dialogue est tellement sophistiqué, qu'ils auraient besoin d'un truchemau pour se comprendre eux-mêmes. »

Il ne faut pas croire, cependant, que cette curieuse exégèse ait été entièrement stérile; — tant il est vrai que l'esprit humain tire profit de tout. De même que le symbolisme contemporain a enrayé le naturalisme en le spiritualisant, de même le symbolisme ancien hâta la renaissance classique à laquelle on doit les chefs-d'œuvre de notre langue. En outre, il développa l'instinct des belles manières et permit aux véritables raffinés d'établir la règle d'une politesse qui a servi de modèle au monde civilisé. Les préceptes de Boileau n'ont en rien concouru à cet avènement; le théâtre de Molière, en revanche, y a beaucoup aidé.

Chapelain a été par excellence l'homme de cette période préparatoire et toute de transition, mais il la domina par le savoir, l'urbanité, l'équité, le caractère, le bon sens et le goût auxquels il dut, jusqu'à son dernier jour, de ne jamais déchoir. Nulle satire, nulle épigramme ne purent ébranler l'autorité vraiment extraordinaire qu'il exerça. Pour bien se rendre compte d'une telle situation, il faut parcourir les cinq volumineux dossiers de sa correspondance actuellement déposés à la Bibliothèque nationale. Sainte-Beuve, par un hasard assez étrange, en fit la découverte et en resta propriétaire. Non content d'y puiser, il signala à tous l'importance de ces lettres et rendit justice à leur auteur. De ces dossiers ont été, depuis, extraits deux forts volumes qui entrent dans la collection des *Documents inédits sur l'histoire de France*.

Parmi les correspondants de Chapelain, figurent les noms de la reine Christine de Suède, du duc et de la duchesse de Longueville, du duc et de la duchesse de Montausier, de Colbert, Corneille, La Fontaine, Racine, Mme de Sévigné, Mme de Grignan, Mlle de Scudéri, la marquise de Rambouillet, Guez de Balzac, Lancelot, Racan, Perrault, Godeau, Huet, Conrart, Scarron, Gassendi, etc... Ces noms, certes, sont faits pour éveiller la curiosité. Après ça, il ne faut pas oublier la mission que Chapelain avait reçue de Louis XIV et de Colbert pour l'encouragement des savants et des gens de lettres, en France et à l'étranger. Ici, nous trouvons les rimeurs de sonnets, les maîtres d'éloquence italiens et tous les professeurs en *us* d'Allemagne et de Hollande.

Aussi, la correspondance de Chapelain offre-t-elle la plus grande diversité. Souvenirs personnels, mentions fugitives, portraits, silhouettes, considérations d'art, critiques sur l'antiquité classique et les littératures étrangères font un premier contingent. Vient ensuite, en plus grande part, tout ce qui est du domaine de l'érudition, de la philosophie ou de la science, — mathématiques, physique, numismatique. Ce Chapelain, en vérité, était universel ; il répond à tous d'abondance, sans jamais être embarrassé d'aucune question. Il n'est pas jusqu'à ses lettres à Heinsius qui n'aient une valeur de premier ordre, principalement celles qui ont trait aux princes de la science : Galilée, Pascal, Descartes, Gassendi.

« Mais il n'est de bonne compagnie qu'on ne quitte, » dit un vieux proverbe. Que conclure à l'égard de Chapelain, si ce n'est qu'il eut bien du bonheur toute la vie et qu'il eut, en même temps, bien du mérite, — y compris celui de ne se fâcher jamais. Il ne fut pourtant pas sans défaut, si j'en crois la légende, car on l'a dit avare. Le fait est qu'il laissa à sa mort, presque soudaine, cinquante mille écus dans ses tiroirs. Il n'avait pas beaucoup le temps de dépenser; n'importe il était peut-être avare, cela semble indiqué : influence du père. Il était également désintéressé : influence de la mère. On peut être avare et désintéressé à la fois : la convoitise n'a rien de commun avec l'esprit d'ordre et d'économie. Tel prodigue peut être plein de convoitise, tel avare peut n'attendre qu'après son bien.

Heureuse Mme Chapelain ! Son rêve s'était réalisé jusqu'au bout. Rien ne trompa son attente à l'égard de son fils, pas même les honneurs funèbres qu'elle avait tant de fois enviés pour lui à Ronsard. Seulement la mémoire de ce fils consacré aux Muses resta longtemps accablée sous le poids des satires, et elle ne s'en serait peut-être jamais relevée, si Sainte-Beuve, de nos jours, n'était intervenu.

Grâce à lui, Chapelain a eu bien de la chance encore, après sa mort. Mais, comme a dit Boileau : « C'était un si brave homme! »

Emile de MOLÈNES.

A SON ALTESSE
MONSEIGNEUR
HENRI D'ORLÉANS

Duc de Longueville et d'Estouteville,
Pair de France,
Prince souverain de Neuchâtel,
Comte de Dunois, de Saint-Pol, de Chaumont, etc.

GOUVERNEUR POUR LE ROI
et
CONNÉTABLE HÉRÉDITAIRE DE NORMANDIE

MONSEIGNEUR,

Cette PUCELLE magnanime, ou, pour mieux dire, ce Phénix, dont le vol belliqueux redonna la franchise à nos pères, ayant trouvé en V. A. un soleil propre à ranimer ses cendres, quitte le bûcher, où la dépouille fut consumée, pour venir rendre hommage de la nouvelle vie à la vertu, qui la lui a fait recouvrer. Comme cette sainte seconda autrefois, par ses miracles, ceux de l'ancien COMTE DE DUNOIS, elle vient aujourd'hui les proposer en exemple à celui de nos temps, pour les grandes choses, à quoi l'appellent ses destinées.

Quant à Vous, MONSEIGNEUR, elle ne vient Vous présenter que ses respects, sachant bien que, pour les miracles que la couronne se promet encore de Vous, il n'est pas besoin que Vous vous proposiez d'autre exemplaire que Vous-même. Elle vient seulement avouer à V. A. qu'encore que ses faits aient été l'admiration de tous les peuples, et que l'esprit qui les conduisait les ait mis au-

dessus de tout ce qu'il y a de plus élevé dans l'histoire ; si néanmoins leur éclat attire votre estime, c'est à Vous seul, à qui elle sera obligée de ce qui Vous les fera estimer. Car, à ne dissimuler rien, ils ont été touchés sur l'idée de vos actions héroïques, et, pour leur donner plus de lustre, on a eu les yeux beaucoup moins sur elle que sur Vous. On a mieux aimé n'être pas si précisément véritable, en les traçant sur votre modèle, que de les faire paraître moins merveilleux, en les copiant sur le sien. V. A. se reconnaîtra dans tous les projets de cette guerrière ; Elle se remarquera dans tous ses combats ; Elle n'y trouvera que les temps et les noms de changés ; enfin Elle n'y verra pas tant les aventures de la PUCELLE que les siennes propres.

Il est vrai, MONSEIGNEUR, que vous n'y verrez pas toutes les vôtres, et que ce qui en sera représenté sera bien moindre que ce qui ne le sera pas. Cette héroïne ne fut armée qu'un an, et ne combattit qu'en une province. On ne compte, ni les ans, ni les lieux, où Vous avez signalé vos armes. La Bourgogne, l'Italie, la Lorraine, l'Allemagne, Vous ont vu triomphant, et la gloire militaire ne pouvant être poussée plus loin, Vous avez étendu vos travaux, jusqu'aux confins de la paix, avec tant d'ardeur et d'adresse, que si l'Espagne ne se fût point déclarée son ennemie, l'Europe eût joui d'un bien si nécessaire et si souhaité. Je n'ose pas même me promettre de raconter les merveilles de la SAINTE FILLE, avec la grandeur et la majesté dont elles sont dignes. Ma voix est trop faible de soi, pour soutenir des choses d'un si grand poids, et, à la considérer seule, il serait à craindre qu'elle ne les ravaldît, au lieu de les relever. Mais MONSEIGNEUR, Vous l'avez fortifiée, par vos applaudissements, Vous l'ayez animée par vos exhortations, et vous l'avez entretenue par vos grâces. J'ai pensé que je devais suivre une autorité si puissante que la vôtre, et je me suis plutôt résolu à passer pour téméraire, qu'à paraître désobéissant.

Il ne m'a semblé, ni bienséant, ni raisonnable, de résister davantage au commandement que V. A. m'avait fait de publier le récit d'un succès si miraculeux, et j'en ai remis l'événement à la Fortune, qui n'a jamais guère réussi quand elle a traversé vos entreprises, ou qu'elle s'est opposée à vos volontés. J'ai cessé de Vous représenter que j'aurais encore eu besoin de quelques années, pour exercer ma voix, et pour la rendre plus éclatante, et j'ai déféré à votre jugement, qui lui était favorable, sans écouter le mien, qui la trouvait disproportionnée à un si noble sujet.

Après tout, MONSEIGNEUR, je me suis consolé de ma faiblesse sur l'excellence de ce sujet, qui m'a paru assez fort, pour se soutenir de lui-même, et pour soutenir encore la voix qui le devait soutenir. Le dessein de délivrer la France est un dessein si haut, et l'exécution en est si admirable ; la part que le Ciel y a prise, et les voies qu'il a tenues pour la faire réussir sont si peu de l'ordre commun des choses ; enfin l'étoffe sur laquelle la Providence a travaillé est si riche et si importante, que pour en faire un poème épique, il suffisait presque d'en faire un simple tissu. En effet, on n'a jamais invoqué les divinités, qui inspirent les poètes, avec moins de nécessité, qu'en la rencontre de cet ouvrage, dont la matière fait le principal ornement, et qu'on ne saurait nommer qu'on ne la loue. Par là, du moins, aurai-je une assez légitime excuse, auprès des personnes habiles, si je n'ai guère contribué à l'éclat d'un si brillant sujet, puisque comme les beautés accomplies ne peuvent être fardées, sans une diminution notable de leur perfection, je ne pouvais aussi charger celle-ci de grâces étrangères, sans étouffer celles qui lui sont naturelles, ni chercher à la rendre plus éclatante, sans la couvrir d'autant de taches, que j'aurais prétendu lui ajouter d'embellissements.

Quoi qu'il en soit, MONSEIGNEUR, c'est pour le seul intérêt qu'a V. A. en ceci que parmi la foule des grands sujets, qui tri-

guaient la faveur de mes Muses, dans l'imagination qu'elles leur pouvaient donner l'Immortalité, je me suis arrêté à la PUCELLE, et l'ai préférée, dans mon choix, à tant de héros, dont les imperfections eussent été mes avantages. J'ai sacrifié l'honneur que je me fusse pu promettre, en enrichissant leur pauvreté, à la passion que j'ai eue de Vous plaire, en m'attachant à cette héroïne, dont la richesse n'avait pas besoin de mon secours. Enfin, j'ai moins eu pour objet la louange du public que le contentement de V. A. à laquelle il n'a rien que je ne doive immoler, après avoir reçu tant de belles marques de sa bienveillance. Si j'obtiens que mon travail ne cesse point de Vous agréer, j'aurai toute la gloire, que je me suis proposée, dans cette course, et quand je serais assez heureux pour la faire, entre mille acclamations, et pour trouver une couronne au bout de la carrière, mon cœur n'y serait point si sensible, qu'à la joie d'avoir satisfait à votre attente, et répondu à votre désir. Vous voyez à vos pieds, MONSEIGNEUR, le fruit de mes longs travaux et de vos bénignes influences. Pour n'être pas dans sa parfaite maturité, il ne laisse pas de Vous être offert, au moins comme un essai de fertilité, en attendant la fin de la récolte, qui parfera ce qu'il y a de moins achevé dans ces prémices. Vous n'avez aucun bien, qui Vous appartienne à meilleur titre. Il a été semé sur votre fonds, cultivé par votre assistance, arrosé de vos faveurs, échauffé avec vos rayons, et élevé sous votre ombre. Il n'a de bon goût, que celui que Vous lui avez donné. Il n'a de bonne odeur, que celle que Vous lui avez communiquée. En un mot, c'est votre ouvrage, plutôt que le mien, et, en Vous le consacrant, je n'y ai autre mérite que celui de ne Vous retenir pas ce qui est légitimement à Vous. Je Vous l'apporte néanmoins en offrande, comme s'il était tout de moi, suppléant de la grandeur de mon zèle, où ne peut atteindre la petitesse de mon pouvoir.

Recevez, MONSEIGNEUR, avec votre humanité ordinaire, ce

zèle ardent qui m'a toujours embrasé pour Vous, et pour Votre auguste Maison, et, par votre généreuse bonté, continuez à soutenir mon courage, qui, sans elle, pourrait s'affaiblir, dans le reste et le plus considérable de l'entreprise. La PUCELLE Vous en conjure, par l'impatience qu'elle a de son martyre, et l'illustre COMTE DE DUNOIS, que j'ai laissé dans les liens, aussi bien qu'elle, Vous le demande, pour en sortir, et pour achever les prodiges de valeur, qui doivent remettre son Roi sur le trône, et son pays en liberté. Vous ne résisterez pas, sans doute, à de si puissantes prières, et vous accorderez cette grâce à celui à qui Vous en avez fait tant d'autres, même avant qu'il Vous eût témoigné, avec quel profond respect, et quelle passion violente, il est

MONSEIGNEUR,

De V. A.,

Très humble, très obéissant,
et très fidèle Serviteur,

CHAPELAIN.

Il importe de rappeler que ce duc de Longueville, auquel est adressée l'épître qui précède, était le descendant direct du grand Dunois, le principal héros de la *Pucelle*. Gouverneur de Picardie, à dix-huit ans, il fit partie du Conseil de Régence à la minorité de Louis XIV. Il avait épousé, en secondes noces, Anne de Bourbon, sœur du grand Condé et du prince de Conti. Nommé gouverneur de Normandie, il exerça tour à tour en France, en Allemagne, en Piémont, des commandements militaires qui lui valurent la réputation d'un tacticien habile. Après s'être montré récalcitrant à la politique de Richelieu, il s'insurgea contre celle de Mazarin, et fomenta, de concert avec les siens, les troubles de la Première Fronde. Mal lui en prit, car il fut arrêté ainsi que le prince de Condé et le prince de Conti, et ce n'est qu'après une année passée en prison, qu'il put aller reprendre son gouvernement.

Quels qu'aient été sa valeur, son mérite, ce prince, grand seigneur et ami des lettres, n'occupe dans l'histoire qu'un rang presque effacé par rapport à celui de la duchesse, sa femme, si célèbre pour sa beauté, son charme pénétrant, sa majesté souriante et la redoutable influence qu'exerçait autour d'elle son génie de l'intrigue. Toute cette époque a gardé son reflet et, devant sa mémoire — à laquelle est associée l'aurore du parlementarisme — les historiens eux-mêmes sont restés éblouis.

PRÉFACE

Je fais si peu de fondement pour le bon succès de mon poème, sur l'impatience qu'on a témoignée de sa publication, que je considère un si grand honneur comme son plus grand désavantage. Car, sans parler de ceux qui n'ont souhaité de le voir que pour y trouver à redire, il est certain que ceux-là même qui l'ont désiré, pour leur divertissement, en auront un plus grand dégoût si les beautés n'y répondent pas à leur attente, que s'ils ne l'eussent point désiré du tout, et que le présent que je leur en ais leur fût une chose toute nouvelle. Sur quoi, je les supplie d'agréer que je leur représente que la bonne opinion qu'ils en peuvent avoir conçue ne leur a point été inspirée par moi, et que l'excessive faveur qu'ils m'ont faite ne doit être imputée ni à mes persuasions, ni à mes prières. Ceux qui me connaissent savent que je me connais, et que n'ayant jamais eu que de modestes pensées de ma faiblesse, je n'ai aussi jamais dit de

PRÉFACE.

moi que ce que j'en ai pensé. Ils savent encore que les louanges anticipées de quelques personnes officieuses n'ont été souffertes par moi qu'avec beaucoup de peine, et que j'ai toujours appréhendé qu'elles ne m'engageassent à soutenir une réputation plus grande que mes forces ne le peuvent permettre.

Si j'osais donc m'imaginer d'avoir mérité du public en lui donnant une chose qu'il a souhaitée, je n'en demanderais autre récompense, sinon qu'il lui plût de la recevoir comme s'il ne l'avait point souhaitée, et que, sans consulter les idées qu'il s'en est voulu former, il se contentât de la considérer sur les miennes, ne m'obligeant à lui tenir que ce qu'il s'est pu raisonnablement promettre de moi. Ce n'est pas qu'avec cette grâce je présume de satisfaire à ce qu'on a droit d'exiger de celui qui se charge de l'entreprise d'un poëme héroïque. Je sais que de toutes celles qui se peuvent faire dans l'Empire des Muses, celle-là est la plus hardie et la plus élevée, et que pour y bien réussir il faut être si versé en toutes les disciplines, avoir un si grand usage du monde, brûler d'une si vive et si noble ardeur, régir sa machine avec un jugement si solide, enfin, y travailler avec un soin si assidu et une patience si courageuse, qu'encore que ces puissants génies d'Homère et de Virgile aient porté ce genre de poésie a une très sublime hauteur, l'on doute néanmoins qu'ils l'aient conduit à sa dernière perfection,

PRÉFACE.

comme s'il était au-dessus des forces humaines et qu'il ne fallût pas moins être héros pour célébrer les grandes actions que pour les faire. Ce qui ne saurait être vrai sans rendre coupable d'une témérité fort présomptueuse un homme tel que je suis, qui prétendrait donner, sans défauts, un ouvrage que ces hommes incomparables n'auraient pu donner qu'imparfait. On ne m'accusera, pour ce regard, ni d'être téméraire, ni d'être présomptueux. J'avoue de n'avoir que bien peu des qualités requises en un poète héroïque. Je n'ai point cru égaler ces princes du Parnasse, et bien moins atteindre au but où ils ont inutilement visé. J'ai apporté seulement à l'exécution de mon projet une connaissance assez passable de ce qui y était nécessaire et une persévérance assez ferme pour ne m'en laisser divertir, ni par les charmes du plaisir, ni par les tentations de la fortune. Je n'eus point même d'autre pensée, quand je m'attachai à cet ouvrage, que d'occuper innocemment mon loisir, lorsqu'après une vie assez agitée je préférai la tranquillité de la retraite à la turbulence de la Cour. Ce fut plutôt un essai qu'une résolution déterminée, pour voir si cette espèce de poésie, condamnée comme impossible par nos plus fameux écrivains, était une chose véritablement déplorée, et si la théorie qui ne m'en était pas tout à fait inconnue ne me servirait point à montrer, à mes amis, par mon exemple, que sans avoir une trop grande élévation d'esprit, on la pouvait mettre heureusement en pratique. Surtout, je n'avais garde de me persuader qu'un travail, que je faisais à l'ombre, dût jamais s'exposer au jour.

Ce fut, certainement, par une aventure inopinée, que ce que je cachais avec tant de soin vint à la connaissance de l'illustre prince qui, par une générosité sans pareille, a trouvé moyen de me faire une nécessité d'un exercice volontaire, et qui a converti, par ses faveurs, en une profession publique, un amusement de cabinet. Voilà de quelle sorte je suis devenu poëte, aussi bien sans vanité que sans capacité; d'abord par passe-temps, et ensuite pour ne me noircir pas de la plus lâche des ingratitudes. Il est vrai que, depuis qu'un si magnanime cœur a pris intérêt en mon ouvrage, j'y ai mis une application beaucoup plus forte, et que la passion de le rendre digne de sa bonté me l'a fait continuer d'une ardeur beaucoup plus véhémente. Si j'avais aussi exécuté mon dessein avec assez de bonheur pour ne déplaire pas à ceux qui l'ont honoré de leur impatience, ce serait principalement à lui que l'on en serait redevable.

Mais faible comme je suis, je crains fort que l'on ne lui en ait guère d'obligation, et que le bien qu'il a voulu faire au monde en soutenant mon projet par ses grâces ne soit pas réputé un trop véritable bien. Car on ne manquera pas d'y chercher des manquements, et il ne se peut faire que l'on n'y en trouve en abondance, soit de ceux que l'infirmité humaine ne m'aura pas permis d'éviter, soit de ceux qu'on voudra s'imaginer qui s'y rencontrent. Pour les premiers, comme c'est un apanage de la nature corrompue, et qui l'est plus en moi qu'en qui que ce soit, je les avoue de bonne foi et j'en passe condamnation sans torture. Pour les autres, que la seule opinion met en ce rang sans alléguer de raison, ou sans en alléguer de valable, je ne crois pas les devoir abandonner à la merci de ceux qui n'ont de loi que leur fantaisie, et qui, ne portant leur vue que sur peu de choses, prononcent d'ordinaire fort légèrement. Je dis ceci, en général, pour les objections que doit attendre mon poëme, sans vouloir aller au-devant d'aucune, ni prévenir les attaques par des défenses à contre-temps. Dans l'incertitude de ce qu'on y reprendra, il ne m'a pas semblé à propos de faire dire que je me serai forgé des monstres pour les combattre, et que j'aurai supposé des accusations pour avoir lieu de me donner des éloges. J'ai pensé qu'il fallait laisser à chacun son jugement libre, et que je ferais mieux de me tenir derrière mon tableau pour entendre les avis du peuple, pour profiter de ceux qui seront justes et pour ne pas suivre ceux qui ne le seront pas.

J'en ferais volontiers de la même sorte pour ce qui regarde l'élection de mon sujet. Mais comme elle n'a pas eu l'approbation de quelques-uns qui sont persuadés que les femmes ne peuvent être prises pour héroïnes dans les poëmes épiques, je me sens forcé de détruire une maxime qui ne peut subsister sans la ruine du mien. Ceux-ci, jurant sur le texte d'Aristote, maintiennent que la femme est une erreur de la Nature qui, ayant toujours intention de s'égaler à l'homme, s'arrête souvent en chemin, et se voit contrainte par la résistance de la matière de laisser son dessein imparfait. Ils tiennent la force corporelle tellement nécessaire, dans la composition d'un héros, que quand il n'y aurait autre défaut à reprocher à la femme, ils lui en refuseraient le nom, pour cela seulement, qu'elle n'a pas la vigueur d'un athlète et que la mollesse de sa complexion l'empêche de durer au travail. Ils n'estiment ce sexe capable d'aucune pensée héroïque dans la créance que l'esprit suit le tempérament du corps, et que, dans le corps de la femme, l'esprit ne peut rien concevoir qui ne se sente de sa faiblesse. Mais, outre ces motifs d'exclusion, ils en ont deux encore sur lesquels ils la fondent principalement. Le premier est l'usage reçu parmi toutes les nations de ne commettre le maniement des armes qu'aux hommes. Le second, la messéance que cet usage fait trouver dans la valeur des femmes qui, par quelque raison que ce soit, s'engagent à les porter.

Ces Messieurs me pardonneront toutefois, si je leur

dis qu'ils ne considèrent pas trop bien quelle est la nature de la vertu héroïque, qu'ils en définissent l'essence, par un de ses moindres accidents, et qu'ils en font plutôt une vertu brutale qu'une vertu divine. C'est tout ce qu'ils pourraient dire du Lion de Némée, ou du Sanglier d'Erimante, dont la force eut besoin d'un Hercule pour la surmonter. Encore voit-on qu'en ces espèces d'animaux, la différence du sexe n'en met point dans le courage, et que les lionnes et les laies semblent être avantagées en férocité sur leurs mâles, lorsqu'il s'agit de la défense de leurs petits ou de la conservation de leur propre vie. Ils ne songent pas qu'en supposant la force du corps nécessaire à la vertu héroïque, ils n'en excluent pas seulement les femmes, mais les hommes aussi — au moins ceux qui ne sont pas robustes — quelque amour de la belle gloire que leurs cœurs puissent avoir conçu. Ils se devraient souvenir que cette vertu n'a presque rien à faire avec le corps, et qu'elle consiste non dans les efforts d'un Milon de Crotone, où l'esprit n'a aucune part, mais en ceux des âmes nées pour les grandes choses, quand, par une ardeur plus qu'humaine, elles s'élèvent au-dessus d'elles-mêmes, qu'elles forment quelque dessein dont l'utilité est aussi grande que la difficulté, et qu'elles choisissent les moyens de l'exécuter avec confiance et hauteur de courage. Pour prévenus qu'ils soient en faveur des hommes, je ne pense pas qu'ils voulussent attribuer à leur âme un seul avantage, auquel l'âme de la femme ne pût aspirer, ni faire deux espèces des deux sexes, desquels la raison de tous les sages n'a fait qu'une jusqu'ici. Je ne crois pas non plus qu'ils s'imaginent que les vertus morales aient leur siège ailleurs que dans la volonté ou dans l'entendement. Mais si elles y ont leur siège et si l'on ne peut dire que ces deux facultés soient autres dans l'âme de la femme que dans l'âme de l'homme, ils ne peuvent, sans absurdité, accorder une de ces vertus à l'homme et ne pas l'accorder à la femme. En effet, cette belle pensée d'Aristote, qui a donné lieu à leur erreur, est si peu physique, qu'elle fait plus de tort à la philosophie du Lycée qu'elle n'appuie l'opinion de ceux que nous combattons. Si, d'ailleurs, ils renferment la vertu héroïque dans les seules actions militaires, ils témoignent qu'ils ne la connaissent pas mieux de ce côté-là, puisqu'il est certain qu'elle ne regarde pas moins cette magnanimité qui fait souffrir les plus grands maux avec courage, que celle qui fait agir avec vigueur dans les entreprises les plus difficiles. Car, qui niera qu'un Régulus et un Socrate, un Pætus Thrasea et un Heluidius Priscus ne soient pas aussi bien des héros, par les peines qu'ils ont endurées avec tant de fermeté, qu'un Cyrus et un Alexandre, un Scipion et un Trajan, par les actions qu'ils ont faites avec tant de cœur? Mais, de cette sorte de constance héroïque, il serait aisé d'apporter mille exemples de tous les siècles, où il paraîtrait que les femmes n'en doivent rien aux hommes, et qu'elles ont quelquefois montré une extrême assurance dans les malheurs où les hommes mêmes faisaient voir une extrême lâcheté. Arria, Épicharis, et tant d'autres, ne laissent pas le moindre scrupule à la solidité de cette doctrine. Ce n'est pas avec plus de fondement qu'ils veulent ôter la gloire de cette vertu aux femmes, à cause de la délicatesse de leur complexion. Car, quand la force du corps serait absolument nécessaire pour la pratiquer, ce que l'on nie, en tout autre chose que dans la guerre, cette exception ne regarderait, au plus, que les femmes qui seraient mal propres par leur faiblesse corporelle, et ce champ demeurerait toujours libre à celles qui, par leur naissance ou par leur nourriture, se trouveraient capables de l'exercer. Qui ne voit maintenant combien on pourrait former d'armées de femmes de ce dernier genre, qui ne céderaient en rien à celles que composent nos plus robustes soldats ? Combien y a-t-il de dames passionnées pour la chasse, que le soleil le plus ardent, les courses les plus longues, ni les forts les plus impénétrables n'affaiblissent, ne lassent, ni n'arrêtent jamais ? Quelle infinité de femmes du commun ne voit-on point fournir aux mêmes travaux et porter les mêmes charges que leurs maris et que leurs fils ? On leur fait, surtout, un tort signalé, lorsqu'on ne veut pas qu'elles soient capables de la vertu héroïque, alléguant, pour cause, que la faiblesse de leurs organes empêche leur âme de pouvoir rien exécuter de fort. Et cette maxime ne leur est pas seulement injurieuse, en tant que femmes, mais en tant que raisonnables ; comme si leur raison se proportionnait à leur force, et que cette faculté, qui constitue leur essence, souffrait le plus et le moins, selon l'abondance ou le défaut de vigueur, qui se trouverait en leur corps.

Je n'insiste pas davantage là-dessus, pour ne pas réduire mes contradicteurs à se jeter dans l'extrémité : de poser que l'âme de la femme, pour sa propre action, dépend de la masse corporelle et que, par conséquent, elle est corporelle aussi. Je me contente de leur opposer les sages païens et toute l'école chrétienne, qui maintiennent, avec tant de justice, que la vigueur de l'âme dépend de l'affaiblissement du corps, et qu'elle n'approche jamais tant de la nature divine que quand elle est prête à en sortir, parce que c'est le temps où elle est le moins engagée dans la matière. Enfin, ils ne peuvent supporter que les femmes prétendent à cette vertu, lorsqu'ils considèrent les mœurs communes par lesquelles l'usage des armes leur est interdit. Mais, qu'est-ce là autre chose que retomber dans l'erreur condamnée, qu'il n'y peut avoir de héros que dans le métier de la guerre ? Quand toutefois cette proposition serait soutenable et que la guerre seule ferait les héros, il ne s'ensuivrait pas pour cela que la coutume pût faire tort à la nature, non plus que l'opinion à la vérité. J'avoue bien que le monde, pour la grande part, est convenu d'ôter l'exercice des armes à ce sexe, et que son emploi a été limité, presque partout, à la seule conduite du dedans de la maison. On ne saurait pourtant désavouer que cette pratique assez générale ne trouve des usages contraires chez quelques peuples qui ont secoué son joug et qui se sont servis de leurs droits pour leur conservation. Les vieux habitants de la Grande-Bretagne combattaient d'ordinaire sous le commandement des femmes. Parmi les Scythes, les travaux militaires étaient également partagés entre l'un et l'autre sexes. Plusieurs nations des Nouvelles Indes les leur rendent communs aussi, et la république des Amazones, toute guerrière, et qui n'admettait pas même les hommes dans la société des combats, est une preuve si puissante de cette exception, qu'elle ne permet pas seulement d'en douter. Les Lacédémoniens n'y mettaient pas plus de différence que les Scythes, et l'on voit, par ces dérogations aux mœurs communément reçues, que la coutume, pour universelle qu'elle soit, ne prescrit point contre la raison, qui n'est point sujette au changement et qui ne suit point les caprices de la fantaisie. D'où l'on peut inférer que la pudeur, qui a été introduite, sur cela, dans la vie civile,

PRÉFACE.

est une pudeur illégitime, toute dans l'imagination, et sans réalité quelconque, parce que la vraie pudeur ne regarde que les choses mauvaises et opposées à la vertu et que cette autre-là ne regarde que l'institut et l'opinion, pour des choses qui de soi sont indifférentes.

L'on a vu aussi, de temps en temps, la nature inspirer à des Sémiramis et à des Tomiris, à des Voadiques et à des Zénobies, de s'armer et de combattre en personne les ennemis de leurs États, quelques-unes avec succès, et toutes avec gloire, sans que l'on y ait rien trouvé contre la modestie, parce que la valeur semble toujours belle, en quelque sujet qu'elle se rencontre, et qu'elle a encore plus d'agrément dans la femme, quand la mollesse de son sexe ne paraît point dans sa vertu. Cette approbation est confirmée par la constante pratique de la plupart des nations, en une sorte de commandement peu éloigné de celui de la guerre. Car, pour ne point m'étendre, qui ne sait que l'Espagne, l'Angleterre, l'Écosse, la Suède, admettent indifféremment les hommes et les femmes à la royauté ? Cependant, pour occuper dignement le trône, il faut avoir les qualités d'un héros et se montrer au-dessus de la condition humaine, puisque c'est principalement dans cette opinion que les peuples subissent un joug volontaire, et que s'ils se font un maître d'un homme né comme eux, c'est qu'ils le considèrent comme s'il était d'une nature

PRÉFACE.

supérieure, à laquelle il leur est honnête et utile de s'assujettir. La même chose se vérifie par les régences qu'obtiennent les femmes aux pays mêmes où elles n'ont pas droit de succession ; ce qui se ferait encore moins si l'on ne les jugeait capables de commander en temps de paix et en temps de guerre (1).

On peut conclure de là que la chose qui est bienséante à l'homme, parce que c'est une action vertueuse, comme est la prise des armes pour la défense de sa patrie, ne peut être messéante à la femme, dont l'âme est capable de toute vertu et que ce n'est qu'une préoccupation de l'usage qui fait que ceux-là l'estiment honteuse, qui ne savent pas user de la liberté de leur raison. Par où l'on voit clairement que les femmes peuvent s'armer et combattre sans choquer la pudeur et sans sortir de la bienséance, surtout dans une pressante nécessité, et lorsque

---

(1) Les femmes de notre temps seront certainement flattées du langage que tient l'auteur de la *Pucelle*, à l'égard des vertus héroïques de leur sexe. Certaines ne manqueront pas de voir en Chapelain un des premiers apôtres des revendications présentes. Chapelain, du reste, n'était pas le seul de son opinion et, bien au-dessus de lui, il n'est pas mauvais de citer les paroles par lesquelles Mazarin abonda un jour dans le même sens, au cours d'une conversation qu'il eut avec l'ambassadeur d'Espagne, touchant les entraves que lui suscitaient les femmes. « Vous autres, Espagnols, dit le ministre, vous en parlez bien à votre aise. Chez vous les femmes ne se mêlent que de faire l'amour. En France, il n'en est pas de même, et nous en avons trois qui seraient capables de gouverner et de bouleverser trois grands royaumes : la duchesse de Longueville, la princesse Palatine et la duchesse de Chevreuse. »

la patrie, qui est une mère commune, a besoin de tous ses enfants pour en détourner ou pour en réparer la ruine.

C'est sans doute, sur de semblables considérations que Platon, ce grand législateur, s'est opposé à l'abus tyrannique de la coutume et qu'il n'a pas moins obligé les femmes que les hommes à prendre leur part des fatigues de la guerre, dans le plan qu'il a tracé d'un État parfait. Que si la question se devait plutôt résoudre par autorité que par raisonnement, je ne vois pas pourquoi Aristote l'emporterait sur lui, qui a été son maître, et qui, malgré l'animosité des partis, entre tous les philosophes, s'est, par excellence, conservé le nom de divin. S'il n'est donc point contre l'ordre naturel que les femmes puissent régner, être régentes et faire des actions héroïques; et si l'usage, qui les en exclut, n'est point si général, qu'il ne souffre des exceptions, ceux qui ont assez de force pour se défendre des préjugés ne s'étonneront point que j'aie choisi une fille pour l'un des premiers héros de mon poëme. Ce qui leur devra sembler encore moins étrange, lorsqu'ils songeront que je l'ai tirée du propre sein de la vérité, sans avoir eu besoin de recourir à la fable. Ils ne douteront point qu'une femme qui a pu donner matière à l'histoire ne la puisse donner à la poésie, à qui, par la nature, il n'est rien qui ne soit permis. Enfin, ils m'en blâmeront d'autant moins qu'ils verront que pour rendre cette histoire plus susceptible de la forme épique, le ciel y concourt avec la terre, de sorte que l'art le demande dans les sujets purement humains.

Et qu'on ne pense pas m'objecter, comme une chose considérable, que le concours du Ciel est une machine qui choque la vraisemblance et qui, en la choquant, détruit l'imitation. Car, outre qu'on ne peut concevoir de héros où il n'entre quelque chose de divin, il faut de plus tomber d'accord que cette sorte de machine où la divinité intervient, lorsqu'elle passe pour vraie, devient aussitôt vraisemblable auprès de ceux qui sont persuadés du pouvoir de cette divinité. Et je n'en chercherai point la preuve hors des miracles les moins communs, que Dieu opère quelquefois pour sa gloire et qu'on ne saurait soupçonner d'avoir leur principe dans la nature, lesquels n'ont besoin que d'être crus vrais pour être crus vraisemblables, et où l'esprit acquiesce sans répugnance, parce qu'encore que la cause lui en soit inconnue, la certitude de l'effet lui tient lieu de cause, pour n'en douter pas davantage que s'il la connaissait.

Cette doctrine est très solide, suivant même celle d'Aristote qui, dans les événements incroyables — quoique produits par le seul hasard et destitués du secours céleste — dit fort bien que plusieurs choses arrivent contre la vraisemblance, qui ne laissent pas d'être vraisemblables, parce qu'il est vraisemblable qu'il arrive quelquefois des choses qui, selon le cours ordinaire, ne devraient point arriver. Que si l'on voulait rejeter comme contraire à l'imitation et à la vraisemblance tout ce qui se fait par l'inspiration ou par l'assistance des cieux, où en serait Homère, et après lui toute la famille poétique qui, souvent, sans besoin, et souvent aussi par nécessité, ont introduit les divinités dans les actions des hommes ? Personne, néanmoins, ne leur a imputé cela à défaut, au contraire, ils en ont été loués et admirés, à cause du relief que de semblables machines donnent à leurs sujets, auxquels elles communiquent une certaine majesté qui leur fait maîtriser les esprits avec plus d'empire. L'intérêt, qu'ils feignaient que les dieux prenaient dans les affaires humaines, réussissait avantageusement parmi les païens, parce que ceux-ci avaient une ferme créance du pouvoir de ces divinités et que cette créance leur rendait les suppositions des poètes vraisemblables. Je dis par proportion la même chose des machines chrétiennes, lesquelles, pour n'être pas du ressort de la nature, ne laisseraient pas de garder leur vraisemblance, quand même elles seraient inventées ; les chrétiens, en tant que chrétiens, et que mieux persuadés encore des choses saintes que les païens, ne l'étaient, n'ayant pas plus de peine à ajouter foi aux événements miraculeux qu'aux événements ordinaires, et la persuasion qu'ils en ont leur étant aussi facile par

PRÉFACE.

la coutume chrétienne que la persuasion qu'ils ont des succès communs par la coutume civile.

La seule différence qu'on peut remarquer entre ces deux persuasions est que la première réveille l'esprit et lui imprime un plus grand respect pour l'essence divine, à cause qu'il ne voit pas arriver ces choses tous les jours et que la seconde ne lui donne aucune émotion, ni ne lui fait faire aucune réflexion sur l'Auteur du monde, à cause qu'il voit arriver ces choses à tous moments, bien que les unes et les autres soient également des effets de la bonté et de la puissance.

J'ajouterai que la poésie, et principalement celle qui chante les héros, étant toute figurée et toute hyperbolique, cherche à élever les cœurs aux actions extraordinaires, en donnant de grandes idées de celles dont elle traite, afin que, s'ils n'y peuvent atteindre, ils les suivent au moins d'aussi près que leurs forces le peuvent souffrir. Pour cela, elle déroge à cette exacte vraisemblance qu'on voudrait exiger du poète, suivant la doctrine d'Aristote mal entendue. C'est ainsi qu'il a été pratiqué par Homère et par Virgile, dans les ouvrages desquels on voit un Achille chasser, tout seul, devant lui, des bataillons entiers, et un Turnus lancer des pierres que douze hommes des siècles suivants n'auraient pas seulement pu remuer. Ce qui a obligé ces grands génies d'en user ainsi, contre la vraisemblance ordinaire, a été pour

PRÉFACE.

donner un air plus majestueux à leurs poëmes et pour mieux porter les courages aux entreprises possibles, par l'image de celles qui sont même au-dessus de la possibilité.

Tout ce que j'ai dit en faveur des femmes, pour les montrer capables des actions militaires et propres à servir d'héroïnes dans l'épopée, ne m'empêche pas, toutefois, d'avouer que quand elles y sont introduites, ce doit être avec bien plus de retenue qu'elles ne l'ont été par les Espagnols et les Italiens dans leurs romans, sur l'opinion erronée que ce qui embellit un ouvrage, lorsqu'il y est employé discrètement, l'embellit encore davantage lorsqu'on l'y emploie sans discrétion. Tout cela, dis-je, ne m'empêche pas de croire qu'il s'en faut abstenir le plus que l'on peut, et qu'on ne doit pas tant chercher à plaire par cette nouveauté qu'appréhender de déplaire par une nouveauté suspecte, comme il arrive lorsqu'elle est de pure invention et qu'elle n'a de subsistance que dans l'imagination du poëte.

Aussi, n'ai-je employé la PUCELLE pour héroïne, dans mon poëme, que parce que c'était une personne vraie, et d'une vérité si connue, qu'elle ne le serait pas davantage si les merveilles de sa vie avaient eu nos yeux pour témoins. Je ne l'y ai introduite comme animée de l'Esprit de Dieu, que sur l'exemple de la vaillante Débora, qui ne faisait pas seulement la fonction de juge

PRÉFACE.

entre les Israélites, mais qui les menait encore à la guerre contre le tyran de leur liberté, et qui les rendait victorieux de leurs ennemis par son courage et par sa conduite. Je dis plus, bien que, dans le fait particulier de la PUCELLE, j'eusse le témoignage de l'histoire, l'évidence de sa mission et les effets de ses miracles pour fondement de cet emploi, voulant conserver néanmoins dans ses actions le plus de cette vraisemblance que l'on désire, pour ne satisfaire pas moins Aristote que Platon, lorsque je dressai mon plan et que je donnai la forme poétique à ce véritable événement, j'eus un soin particulier de le conduire de telle sorte, que tout ce que j'y fais faire, par la puissance divine, s'y puisse croire fait par la seule force humaine élevée au plus haut point où la nature est capable de monter. Cela se reconnaîtra, et peut-être avec quelque approbation, par ceux qui prendront la peine de le suivre pas à pas, et de prêter leur attention au détail et au progrès de ses parties. D'ailleurs, bien que j'aie fait prendre à la PUCELLE une part fort considérable en ce succès, je ne l'ai pas tant regardée comme le principal héros du poème qui, à proprement parler, est le COMTE DE DUNOIS, que comme l'intelligence qui l'assiste efficacement dans l'entreprise qu'il s'était proposée de délivrer la France de la tyrannie des Anglais. Je ne l'ai bien regardée que comme la Pallas de mon Ulysse, ou, pour m'expliquer plus chrétiennement, que comme la Grâce dont il plut à Dieu d'armer et fortifier le bras qui soutenait l'Etat, et sans laquelle tous ses efforts auraient été inutiles, à quelque degré de valeur qu'il eût su les porter.

Mais, pour faire voir plus clairement que je n'ai point eu d'autre visée, je lèverai ici le voile dont ce mystère est couvert, et je dirai, en peu de paroles, qu'afin de réduire l'action à l'universel, suivant les préceptes, et de ne la priver pas du sens allégorique, par lequel la poésie est faite l'un des principaux instruments de l'architectonique; je disposai toute sa matière de telle sorte que la France devait représenter l'âme de l'homme en guerre avec elle-même, et travaillée par les plus violentes de toutes les émotions; le roi Charles : la volonté, maîtresse absolue, et portée au bien par sa nature, mais facile à porter au mal, sous l'apparence du bien; l'Anglais et le Bourguignon, sujets et ennemis de Charles : les divers transports de l'appétit irascible qui altèrent l'empire légitime de la volonté; Amauri et Agnès, l'un favori et l'autre amante du prince : les différents mouvements de l'appétit concupiscible qui corrompent l'innocence de la volonté, par leurs inductions et par leurs charmes; le comte de Dunois, parent du roi, inséparable de ses intérêts et champion de sa querelle : la vertu qui a ses racines dans la volonté, qui maintient les semences de justice qui sont en elle, et qui combat toujours pour l'affranchir de la

PRÉFACE.

tyrannie des passions; Tannegui, chef du conseil de Charles : l'entendement qui éclaire la volonté aveugle; et la Pucelle qui vient assister le Monarque contre le Bourguignon et l'Anglais, et qui le délivre d'Agnès et d'Amauri : la grâce divine qui, dans l'embarras ou dans l'abattement de toutes les puissances de l'âme, vient raffermir la volonté, soutenir l'entendement, se joindre à la vertu, et, par un victorieux effort, assujettissant à la volonté les appétits irascibles et concupiscibles qui la troublent et l'amollissent, produire cette paix intérieure et cette parfaite tranquillité, en quoi toutes les opinions conviennent que consiste le souverain bien.

Après avoir justifié assez exactement, comme je crois, les motifs que j'ai eus pour faire de la PUCELLE l'héroïne de mon poëme, il semblerait que je dusse maintenant parler de l'art que j'ai essayé d'observer dans sa constitution, soit pour l'invention du tout, soit pour la distribution des parties, et montrer, par le menu, quel soin j'ai apporté pour y accommoder la pratique des derniers temps aux maximes anciennes, autant que la raison, qui est immuable, et les mœurs des peuples, qui sont changeantes, l'ont ou permis, ou désiré.

Il semblerait surtout que je dusse dire, en ce lieu, sur quoi je me suis fondé pour n'y employer pas la machine de la magie, à la manière des vieux romans, quelque occasion qu'elle m'eût pu fournir d'y faire des descriptions fleuries et agréables. Il semblerait, dis-je, que je dusse expliquer en cet endroit pourquoi je me suis retranché dans celles des saints, des anges, des démons et de quelques personnes poétiques, et pourquoi j'ai plutôt sui, dans le reste, les mouvements de la nature réglée que ceux de la vague imagination. Mais je ne trouve pas à propos de m'engager dans ces éclaircissements, ni de donner lieu de penser que je me défie de la capacité de mon siècle, comme s'il avait besoin que je l'instruisisse des lois sur lesquelles ces sortes d'ouvrages se doivent former. Je n'ai pas voulu prendre le hasard de me faire accuser d'ostentation de science en déployant une doctrine dont le fonds est plus négligé qu'ignoré. Je dois, outre cela, trop de respect au Tasse et aux autres grands hommes qui l'ont suivi dans cette périlleuse route, pour en approfondir ici la question. Il me suffira de dire que j'ai pris l'autre chemin, comme le plus sûr, par des considérations que je dois bien avoir crues fort solides, puisqu'elles m'ont fait renoncer à l'un de ces ornements, qui ont eu le plus de vogue en ce genre parmi les modernes, pour me renfermer dans ceux que souffre l'art, et qui ne choquent ni la nature, ni la créance des peuples.

Je n'en dirai guère davantage du style avec lequel je me suis efforcé de soutenir la dignité du poème épique, et, s'il m'eût été permis, je n'en eusse rien dit du tout. Mais comme, dans les productions d'esprit, c'est la chose qui se présente la première et que le vulgaire demande du fard dans les objets qu'on lui présente, parce qu'il n'est pas sensible aux véritables beautés, comme il n'aime pas même les vrais ornements s'ils ne sont sans nombre et sans mesure, qu'il n'est charmé de rien tant que de l'ingéniosité affectée et immodérée de Lucain, et qu'il trouve presque insipide la sagesse et la magnificence de Virgile : j'ai pensé devoir faire en ce lieu ma déclaration, que c'est avec connaissance de cause, que je me suis résolu à marcher sur les traces du dernier, reconnu de tous les temps pour le seul guide qui mène au Parnasse, pour le seul poète qui conserve le jugement dans la fureur, et pour le seul peintre capable de bien imiter la nature.

J'ai cru devoir déclarer que c'est après y avoir bien songé que je me suis éloigné de la voie que l'autre a tenue, et que j'ai mieux aimé ne plaire point au commun en ne m'accommodant pas à son goût, que de déplaire à l'art en ne suivant pas ses maximes. J'ai appris de lui que le caractère de la narration, même dans l'épique, demandait surtout la clarté, et qu'elle ne devait chercher à se faire belle que par le choix des paroles pures, sonnantes et énergiques, par l'emploi des figures grandes et fortes sans extravagance, et par les pensées nobles, graves et toutes du sujet. J'ai appris de lui que les traits guindés, pour spirituels qu'ils puissent être, en sont absolument bannis, que les efforts d'imagination y sont des marques de faiblesse de sens, et que quand on a fait un ouvrage tout de lumières, on n'a pas mieux réussi qu'aurait fait le sculpteur bizarre qui, pour former une statue admirablement belle, se serait imaginé la devoir composer toute d'yeux.

C'est pourquoi, comme dans l'expression des mœurs et des passions, je me suis attaché plus aux sentiments de la nature qu'aux subtilités de la déclamation; je me suis aussi tenu le plus qu'il m'a été possible dans la narration, au caractère qui lui est le plus propre et ne lui ai permis de se parer que des choses qui la pouvaient soutenir, sans la défigurer. En quoi, bien que j'aie suivi la pratique des bons maîtres de l'art, je suis néanmoins très éloigné de prétendre avoir en rien approché de leur majesté, ni de leur élévation, premièrement, parce que je suis leur inférieur de tant de degrés que je ne pourrais mesurer ma petitesse avec leur grandeur sans me montrer aussi ridicule que déraisonnable, et, en second lieu, parce que je ne crois pas nos langues modernes jusqu'ici capables de ces fortes figures, soit de sens, soit de diction, qui règnent si heureusement dans les anciennes. Ce qui est apparemment arrivé, à cause que la Grèce et l'Italie ont eu plus de temps pour cultiver leur langage, depuis qu'elles ont commencé à se plaire dans les disciplines, que nous n'en avons eu pour perfectionner le nôtre, depuis que nous nous sommes avisés de l'embellir. Ou cela est venu du génie des vieux siècles, qui recevaient ces hardiesses, non seulement sans peine, mais encore avec plaisir, favorisant de leur approbation la généreuse audace des orateurs et des poëtes qui les hasardaient, au lieu que le génie du nôtre rejette avec dégoût, dans le style, la moindre figure hardie, et, dans les termes, ce qui s'écarte tant soit peu des façons de parler qui ont cours parmi ceux que l'on appelle honnêtes gens.

Mais, comme d'un côté j'ai suivi, selon ma faiblesse, le chemin battu par ces excellents hommes, de l'autre, j'ai soigneusement évité de mettre les pieds sur leurs vestiges. Je veux dire que je me suis contenté d'avoir les yeux sur leur idée et de les imiter dans le général, sans emprunter ou copier leurs pensées ni leurs paroles, m'ayant toujours semblé qu'il y avait de la bassesse de cœur et de la stérilité d'esprit en cette sorte d'imitation, et qu'elle ne devait être permise que dans les endroits où l'on prétend le renvier (1) sur leurs efforts, non comme traducteur, mais comme émulateur, non avec les mêmes mots, mais avec d'autres ou équivalents, ou frappés à un coin plus digne.

Je me suis aussi gardé soigneusement de faire parade d'érudition, et si j'ai été obligé, par la rencontre, d'en

---

(1) *Renvier*, en vieux français, veut dire mettre en jeu. Ici, il est pris dans le sens de *rivaliser*, *l'emporter*.

laisser échapper quelque trait, je l'ai fait sobrement et comme songeant à autre chose. Car je n'ai pas ignoré combien l'affectation y est vicieuse, ni dans quel discrédit tombent ceux qui veulent faire les habiles hors de saison. Je n'ai pas ignoré qu'encore que pour réussir en ce genre de poésie, il faille presque tout savoir; si néanmoins il est permis de le laisser connaître, ce ne doit être qu'en ce que, dans la diversité des matériaux et des ornements que l'on assemble et qu'on fait entrer dans la composition d'un poëme épique, le poëte n'a rien omis de nécessaire, ni n'a rien employé de superflu; quoi que ce soit qui excède cette règle, ne pouvant passer auprès des vrais savants que pour une vanité pédantesque et pour une puérile ambition.

Avec tout cela, je dois bien craindre d'être demeuré au-dessous de l'attente publique et d'avoir mal satisfait le goût des particuliers. Je suis comme certain que les gens de lettres ne chercheront en ce travail que les passages pris des vieux livres et qu'ils n'y estimeront que ce qui ne sera pas de son auteur; que les courtisans n'y aimeront que ce qui représente les mœurs de leur siècle; les beaux esprits, que les traits aigus et les pointes raffinées; les inventeurs, que la grandeur du dessein et la justesse de son ordre; les grammairiens, que le nombre et la cadence des vers; les personnes pieuses, que les matières saintes; les braves, que les combats; les dames, que les passions; et que tous, faute de trouver à chaque page ce qui peut toucher leur inclination, regarderont l'ouvrage comme languissant et comme ennuyeux. A quoi je ne répliquerai rien, sinon qu'auprès de ceux qui s'y connaissent, la variété bien entendue fait la principale beauté de ces sortes de compositions.

Venant, d'ailleurs, après tant d'écrivains illustres et dont le mérite a occupé la faveur du peuple, ne dois-je pas fort appréhender qu'il me refuse l'applaudissement que j'en eusse peut-être obtenu si je me fusse fait voir aussi bien le premier dans la carrière, que j'ai paru le premier sur les rangs? En effet, qu'est-ce que la *Pucelle* peut opposer, dans la peinture parlante, au *Moïse* de M. de Saint-Amant; dans la hardiesse et la vivacité, au *Saint Louis* du révérend père Le Moine; dans la pureté, dans la facilité et la majesté, au *Saint Paul* de Monsieur l'évêque de Valence; dans l'abondance et dans la pompe à l'*Alaric* de M. de Scudéri; enfin, dans la diversité et dans les agréments, au *Clovis* de M. Desmarest? Je ne parle point de la *Pharsale* de M. de Brébeuf, quoique ses vigoureuses expressions ne cèdent en rien à celles de son original, et qu'il soit aisé de voir par une si brillante copie, jusqu'où il pouvait porter son vol, s'il ne se fût point borné à une moindre élévation que la sienne.

La *Pucelle* se reconnaît inférieure en toutes choses à

tous ces héros, et si elle ne se pouvait se vanter de les avoir excités par son exemple à entreprendre cette glorieuse course, elle n'oserait pas même se croire digne de la faire après eux.

Que dirais-je encore de l'avantage qu'a, sans doute, la gravité magnifique du *Constantin* du révérend père Mambrun, et du *Martel* de M. de Boissat, sur l'inculte simplicité de ma *Bergère* ; si je les avais aussi bien vus que je sais de quels grands efforts leurs auteurs sont capables, et si l'on pouvait aussi bien faire comparaison entre des poëmes de langage différent qu'entre ceux d'une même langue ? Que ne dirais-je enfin du *Conquisto di Granata* du seigneur Girolamo Graziani, mettant sa richesse en parallèle avec la pauvreté de ma *France délivrée* ; si cette même diversité de langage permettait que l'on en pût faire un jugement régulier ? Mais je ne dirai autre chose, sur tous ces fameux ouvrages, sinon que ma guerrière prendra toujours part à leur honneur, qu'elle respectera toujours leur mérite, et que si elle se sert jamais de ses armes, ce ne sera que pour combattre les ennemis de leur réputation.

Je finis, après que j'aurai fait quelques prières à ceux qui verront celui-ci, lesquelles je ne crois pas inciviles et que j'espère de leur équité, qu'ils m'accorderont facilement. Je les supplie donc de vouloir bien n'apporter à la lecture de ce poëme aucun goût particulier ni aucune

PRÉFACE.

prévention d'esprit, soit pour sa perfection, soit pour son imperfection. Que la bonne ou mauvaise opinion qu'ils en doivent prendre vienne de leur pur mouvement et qu'elle ne leur soit point inspirée par autrui ; que pour la constitution, ils ne la louent ni ne la blâment qu'ils ne l'aient vue tout entière et qu'ils n'aient pu vérifier si son commencement s'ajuste avec son milieu, et si sa fin se rapporte à l'un et à l'autre ; que, quand ils en feront l'examen, ils s'examinent les premiers et sachent bien, auparavant, s'ils possèdent des lumières nécessaires pour prononcer sur son invention, sur sa disposition et sur son élocution ; qu'en l'examinant ils se souviennent de se tenir renfermés dans les limites de l'héroïque, sans désirer en lui ce qui n'appartient qu'à l'élégie, qu'à l'ode, qu'à l'épigramme et qu'au roman ; celui-ci, entre autres, qui lui ressemble davantage, devant empêcher, par sa différence spécifique, qu'on ne les confonde et qu'on n'attende les mêmes choses de tous les deux ; qu'enfin, ils me laissent la liberté de profiter, non seulement de mes réflexions propres sur les manquements, que la faiblesse de la nature humaine rend inévitables dans les longs projets, mais encore des observations de ceux qui, de bonne foi, et sur des fondements solides, m'auront fait connaître mes erreurs.

De toutes ces prières, la dernière est celle sur laquelle j'insiste le plus, comme sur celle qui m'importe le plus, puisque je n'expose pas plus au jour cet enfant de mes veilles qu'à la censure des personnes justes et éclairées, afin que s'il est capable d'amendement, je puisse le mettre, par leur avis, et par mes soins, en état de leur plaire, et de ne me faire de honte.

La *Pucelle* fut publiée, chez Courbe, en 1656. L'édition princeps est un chef-d'œuvre de typographie, et les exemplaires en sont aujourd'hui rares. Six éditions se succédèrent en dix-huit mois, malgré les épigrammes de Montdor, de Furetières et surtout malgré les satires de Boileau. — Loin de se laisser influencer par toutes ces attaques, le duc de Longueville, toujours magnifique, doubla la pension de mille écus qu'il faisait à Chapelain.

LA PUCELLE
ou
LA FRANCE DÉLIVRÉE

CHANT PREMIER

Je chante la Pucelle et la sainte vaillance,
Qui dans le point fatal, ou périssait la France,
Ranimant de son roi la mourante vertu,
Releva son État sous l'Anglais abattu.
Le Ciel se courrouça, l'Enfer émit sa rage,
Mais elle, armant son cœur de zèle et de courage,
Par sa prière ardente, au milieu de ses fers,
Sut et fléchir les Cieux et dompter les Enfers.
 Ames des premiers corps, pères de l'harmonie,
Messagers des décrets de l'essence infinie,
Légions qui suivez l'éternel étendard,
Et qui dans ce grand œuvre, eûtes si grande part ;
Célébrez avec moi la guerrière houlette,
Faites prendre à ma voix l'éclat de la trompette,

Echauffez mon esprit, disposez mon projet,
Et rendez mon haleine égale à mon sujet.
   Auguste successeur de cet auguste prince,
Par qui s'accrut jadis la française province,
Lorsque son bras vengeur, par tant d'heureux combats,
Du redoutable Anglais mit la puissance à bas;
Henri le magnanime, illustre Longueville,
Des errantes vertus, et le temple, et l'asile,
Colonne de l'État par Dunois rétabli;
Héros dont les exploits ne craignent point l'oubli,
Des véritables chants de mon noble Parnasse,
Apprends les hauts desseins d'un guerrier de ta race,
Et vois, dans leurs succès, jusqu'où le cœur humain
Peut porter les efforts d'une mortelle main.
Vois parmi la tempête aux injustes fatale,
Resplendir de ton sang l'origine royale,
Et contemple étonné, par quels brillants essais
Se préparaient les Cieux à produire tes faits.
   Durant le triste cours de cent longues années (1),
L'équitable rigueur des saintes destinées,

---

(1) La guerre de Cent ans nous montre l'Angleterre — jadis conquise par les Normands français, — voulant prendre à son tour possession de la France : une guerre de représailles embrassant deux périodes que M. Henri Wallon, dans sa remarquable *Histoire de Jeanne d'Arc*, caractérise au mieux. « Dans la première, dit-il, la France, vaincue par Edouard III sous Philippe de Valois et sous Jean, se relève avec Charles V, pendant la vieillesse d'Edouard et la minorité de Richard II, son petit-fils. Dans la seconde, après un intervalle où se produit, d'une part, l'usurpation des Lancastre (Henri IV), de l'autre la rivalité des Armagnacs et des Bourguignons, la France, vaincue sous Charles VI par Henri V, se relèvera sous Charles VII contre Henri VI; mais de quel abîme elle se relève, et par quelle grâce inespérée! »

CHANT PREMIER.

Par mille déplaisirs, et par mille travaux,
Avait porté la France au comble de ses maux.
Deux déluges de sang, épanchés de ses veines,
De Poitiers, d'Azincourt, avaient noyé les plaines,
Et par deux coups de foudre, et Cravant, et Verneuil (1),
Venaient de la conduire à deux pas du cercueil.
Charles son jeune maître, et sa faible espérance,
Des fiers usurpateurs éprouvait l'insolence,
Loin du trône captif, errait désespéré,
Et savait son vassal en son lieu révéré.
Il voyait de l'Anglais, à son sceptre rebelle,
Prospérer, chaque jour, l'entreprise cruelle;
Il voyait par l'Anglais ses Etats envahis
Et cherchait son pays dans son propre pays.
Les coteaux, les vallons, les champs et les prairies
A ses regards troublés n'offraient que barbaries,
Et les vastes remparts des tremblantes cités
N'enfermaient que tourments et que calamités.
L'impitoyable mort, des provinces entières
Ne faisait désormais que de grands cimetières;
Le sang, dans les ravins, par les routes coulait,
Et dans chaque rivière aux ondes se mêlait.

---

(1) Bataille de Poitiers, 1356; le roi Jean est fait prisonnier par le Prince Noir. — Bataille d'Azincourt, 1415; c'est là que fut fait prisonnier le duc Charles d'Orléans, le poëte, dont la captivité se prolongea durant vingt-cinq années. C'est à lui qu'incombait le gouvernement de la ville d'Orléans, gouvernement que le bâtard d'Orléans, depuis appelé le grand Dunois, exerça, en son lieu et place, à l'époque du siége. — Bataille de Cravant, 1423. — Bataille de Verneuil, 1424; le jeune duc d'Alençon et le maréchal de Lafayette tombèrent aux mains de l'ennemi.

L'audace, la fureur, la discorde, la rage
Détruisaient à l'envi le royal héritage ;
Il ne paraissait plus qu'un foyer de malheurs,
Et l'endroit le plus sain était rempli de pleurs (1).
Aucun mur ne portait une chaîne légère,
Mais Paris, plus que tous, plongé dans la misère,
Méconnaissait son prince, et, lui manquant de foi,
Souffrait à l'étranger prendre titre de roi (2).
Pour dernier monstre enfin, l'exécrable Isabelle (3)
Immolait son fils propre à sa haine mortelle,
Et faisant violence aux naturelles lois,
Fomentait contre lui le parti de « l'Anglois ».
De l'un à l'autre bout, la lamentable France
Aux heureux révoltés prêtait obéissance,
Et Marne, et Seine, et Loire, à peine, en leurs courants,
Trouvaient un boulevard franc du joug des tyrans.

Orléans, seul encor de tant de places fortes,
Se pouvait dire libre, au dedans de ses portes,

---

(1) « Si on cultivait encore la terre, dit Thomas Basin, dans son *Histoire de Charles VII*, ce n'était qu'autour des villes et des châteaux à la distance où du haut d'une tour le guetteur pouvait apercevoir les brigands. Au son de la trompe ou de la cloche, il rappelait des champs dans la forteresse. Et cela était devenu si fréquent, qu'au signal du guetteur, les bêtes de somme et les troupeaux, formés par une longue habitude, accouraient tout effrayés au lieu de refuge, sans avoir besoin de conducteur. » Tel est le tableau de désolation que présentait le pays, de la Loire à la Seine et de la Seine à la Somme.

(2) Bedford, duc de Lancastre, de la famille — d'origine française — des Plantagenets ; frère d'Henri V et oncle d'Henri VI, rois d'Angleterre. Il était régent du royaume de France pour l'Angleterre.

(3) L'Allemande Isabeau ou Elisabeth de Bavière, veuve de Charles VI, roi de France, la mère dénaturée qui avait signé à Troyes (1420) un traité par lequel son fils était dépossédé du trône.

CHANT PREMIER.

Bien qu'avec désespoir il vit de toutes parts
Une armée innombrable entourer ses remparts (1)
Jusques vers le milieu de la neuvième lune,
Il avait tenu tête à son âpre fortune,
Il avait cent assauts l'un sur l'autre endurés,
Et cent fois dans leur camp les Anglais resserrés.
Par les bras vigoureux qui restaient à la France,
Enfin il avait vu tenter sa délivrance ;
Il l'avait vu sans fruit, et réduit aux abois
Bientôt des assiégeants allait suivre les lois,
Quand son grand défenseur, dont la force divine
Du chancelant État soutenait la ruine,
L'invincible Dunois, sur le haut de ses tours,
Au profond de son cœur fit ce triste discours :
— Ainsi, pour conserver cette fidèle ville (2),
J'aurai fait à mon prince un serment inutile,
Et ce généreux peuple, avec tout mon effort,
N'aura pu s'affranchir des chaînes de Bedfort.

(1) C'est le 12 octobre 1428 que l'armée anglaise, sous les ordres du comte de Salisbury, s'était présentée devant Orléans. Premier assaut, le 21 du même mois. Le 24, occupation du fort des Tourelles, principale défense du Pont. Le même jour, mort de Salisbury. Le comte de Suffolk (William Pole), petit-fils du ministre de Richard II, lui succéda dans le commandement de l'armée anglaise. La famille de Pole était originaire du Berry et avait commencé sa fortune dans le négoce et les fournitures. Les revers plus tard essuyés en France rendirent Suffolk, bien qu'il eût été fait duc, très impopulaire aux yeux des Anglais. Il fut mis en accusation comme son aïeul et mourut tragiquement.
(2) Jean, dit le Bâtard, était fils de Louis de France d'Orléans, celui que fit assassiner Jean sans Peur, duc de Bourgogne. — Valentine de Milan, la veuve de ce prince, avait élevé Jean avec ses propres fils, et, pressentant sa grandeur future, elle disait : « On me l'a

Intrépides soldats, valeureux capitaines,
Qui foulant de Rouvray (1) les désastreuses plaines,
Résolus de vous perdre, ou de nous secourir,
Par les mains du rebelle avez voulu mourir ;
Que votre sort me plaît, et que je vous envie
Une si belle fin de votre belle vie !
Car si votre projet a manqué de bonheur,
Au moins êtes-vous morts, et morts au champ d'honneur.
Dunois infortuné, l'éclat de ta mémoire
Sera-t-il obscurci d'une tache si noire ?
Perdras-tu ton estime, et les siècles futurs
Te reprocheront-ils d'avoir livré ces murs ?
Loin de toi, loin de toi, cette honte et ce crime,
Plutôt de tes amis suis la fin magnanime ;
Meurs plutôt de cent morts que de ternir jamais
Par un si lâche fait la gloire de tes faits ;
Meurs plutôt que ce peuple endure le servage,
Dont ta foi lui promit d'exempter son courage,
Lorsqu'entre maints guerriers, non moins braves que toi,
Il t'élut pour l'aider à maintenir sa foi !..

---

volé ! » Il avait vingt-six ans, à l'époque du siège. Le Bâtard s'était déjà illustré à la défense du Mont-Saint-Michel et, un peu après, à la *rescousse* de Montargis contre Warwick. C'est par anticipation que Chapelain l'appelle Dunois ; il ne prit ce nom que onze ans plus tard, lorsque le duc d'Orléans, son frère, lui eut donné le comté du Dunois, auquel vint s'ajouter celui de Longueville. Ce dernier comté fut érigé en duché en 1505. Au grand Dunois commença la lignée des Longueville où figurent tant de personnages célèbres. Le héros de la *Pucelle*, devenu grand chambellan de France, mourut le 26 novembre 1468.

(1) La bataille de Rouvray ou la *détrousse des harengs*, 12 février 1429. Le retard, d'abord, et la précipitation, ensuite, furent funestes aux Français.

CHANT PREMIER.

Mais que lui servira que tu cesses de vivre ?
Penses-tu que des fers ton trépas le délivre ?
Non, non, crois bien plutôt qu'en perdant la clarté,
Tu hâtes sa défaite et sa captivité.
　Il s'arrête, incertain du conseil qu'il doit prendre ;
Il lui faut désormais ou mourir ou se rendre,
Et, dans ce choix forcé, son esprit éperdu,
Entre ces deux partis demeure suspendu.
　Mais en ce même instant, soit destin, soit rencontre,
Tout à coup, à sa vue, un nuage se montre,
Qui d'orage grossi, perce le sein des airs
De foudres allumés et de volants éclairs.
Du Palais étoilé la voûte se présente
Sous l'effroyable aspect d'une fournaise ardente ;
Et par ce rouge éclat, le regard abusé
Juge que l'univers en est tout embrasé.
　— O Ciel, dit-il alors, je conçois ton langage,
Tu m'apprends le chemin d'éviter le servage,
Pour affranchir ce peuple et garder mon serment,
L'infaillible remède est le feu seulement.
Recourons, recourons aux brasiers favorables,
Rendons-nous, par la flamme, un peu moins misérables,
Et, puisque tout nous manque en cette extrémité,
Employons le feu même à sauver la cité.
　Il résoud sa ruine, et son âme oppressée
Entretient dans son cœur cette horrible pensée.
Le désespoir l'anime, il marche en furieux
Et fait luire un flambeau dans chacun de ses yeux.

Le sein bouillant d'ardeur et le front plein d'audace,
Il s'avance à grands pas au milieu de la place,
Assemble autour de lui les confus habitants,
Et fait retentir l'air de ces mots éclatants :
— Amis, notre fortune est enfin déplorée (1),
De notre liberté la perte est assurée,
Le valeureux secours en campagne défait,
Traîne, après son malheur, ce nécessaire effet.
Pourquoi vous déguiser l'effroyable nouvelle,
Si le sort nous condamne à servir le rebelle,
Si, pour ce cher rempart tant de mois défendu,
Tout espoir de ressource est maintenant perdu ?
Pourrons-nous, toutefois, porter notre courage
A rendre à l'étranger un véritable hommage ?
Nous verra-t-on fléchir sous son commandement ?
Non ! non, mourons plutôt que vivre lâchement !
La mort seule nous reste, en ce point lamentable,
Mais ce n'est pas un mal, à qui vit misérable ;
A l'Anglais comparée, elle est pleine d'appas ;
L'Anglais est aux Français pire que le trépas...
Votre foi qui put seule arrêter sa victoire,
Jamais sans l'irriter ne s'offre à sa mémoire ;
Il ne peut sans fureur penser à vos efforts,
Et sur chacun de vous veut venger tous ses morts.
Ce grand nombre de morts,—et parmi ce grand nombre,
L'inhumain Salsbury (2), cette impérieuse ombre,—

---

(1) En vieux langage, le mot « deploré » répond à celui de « désespéré ».
(2) Usant de son droit de poète, Chapelain écrit « Salsbury »

CHANT PREMIER.

Sollicitent Bedford de les venger sur vous,
Du sang qu'ils ont versé, sous le poids de vos coups,
Il vous accablera d'insupportables chaînes,
Il vous tourmentera de douloureuses gênes,
Et vous verrez par lui vos soldats désarmés,
Vos biens mis au pillage, et vos toits enflammés.
Vos yeux verront par lui déchirer vos entrailles,
Profaner vos autels, renverser vos murailles,
Enlever vos enfants vers un bord écarté,
Et de vos chastes lits souiller la pureté.
Une fin magnanime, un sépulcre honorable,
Est, à tant de rigueurs, sans doute, préférable,
Sans doute les Français, qui sont nés généreux,
Mourant sans s'avilir, croiront mourir heureux.
S'il faut perdre le jour, de vous-mêmes, sans doute,
Vous prendrez du tombeau la ténébreuse route,
Vous mourrez par vos mains, et ne permettrez pas
Que Bedford ait l'honneur de votre beau trépas.
Dans les champs de la mort, il n'est âpre carrière,
Où n'aime mieux courir votre vertu guerrière ;

---

au lieu de Salisbury. Le commandant en chef de l'armée anglaise fut tué le 24, après la prise du fort des Tourelles, par un boulet de canon. — « Monseigneur, lui disait à ce moment un de ses officiers, regardez votre ville ; vous la voyez d'ici bien à plein. » — Il regarda et il tomba frappé à la tête. On l'emporta à Meun, où il mourut au bout de trois jours. Suivant une légende orléanaise, le coup de canon qui atteignit Salisbury avait été tiré par un enfant qui rôdait sur les remparts, pendant que les hostilités étaient suspendues. Il avait vu une pièce chargée, abandonnée des servants, et il y avait mis le feu. C'était un coup de maître.

Sous terre, au fond des eaux, et jusques dans les feux,
Vous saurez vous soustraire à son joug odieux.
Oui, je lis sur vos fronts, je découvre en vos âmes,
Qu'il est plus craint de vous que ne le sont les flammes,
Et que rien de si dur ne se saurait offrir,
Que plutôt que ses lois vous ne puissiez souffrir,
Dès lors, d'un ferme cœur, contre sa violence,
De ces derniers remparts embrassons la défense,
Et si notre ennemi nous force à le quitter,
Otons-lui les premiers ce qu'il doit nous ôter.
S'il nous met en état de ne le plus défendre,
Remplissons tout de feu, réduisons tout en cendre,
Contentons le destin contre nous irrité,
Et ne survivons pas à notre liberté !

 Ce transport véhément, ce funeste langage,
Excite en chacun d'eux une subite rage,
L'affreuse servitude étonne leurs esprits,
Et fait que pour la mort ils n'ont que du mépris,
Une illustre fureur s'empare des familles,
Les enfants, les vieillards, les femmes et les filles,
Tous suivent de Dunois l'horrible mouvement,
Et de leurs chers remparts veulent l'embrasement.

 Tel, sur les champs salés, le courageux pilote
Pressé de toutes parts d'une puissante flotte,
Sur le point d'être pris, peut, à l'extrémité,
Choisir plutôt la mort que la captivité.
Il le propose aux siens, les presse à s'y résoudre,
Sous le tillac conquis roule la noire poudre,

CHANT PREMIER.

Et d'un bras vigoureux y porte le flambeau,
Pour se faire de l'onde un superbe tombeau.
   Le prince confirmé dans son penser tragique,
Dépite la fortune à sa valeur inique,
Repousse des Anglais les violents assauts,
Et de leur propre sang arrose leurs travaux.
Bedford s'en émerveille, et ne saurait comprendre,
Qui fait que l'assiégé veut encore se défendre,
Qui fait qu'ayant perdu tout espoir de secours,
Et sans ressource aucune, il résiste toujours.

   Cependant, à l'avis de l'échec déplorable,
Qui rendait d'Orléans la perte inévitable (1),
Charles d'un rude choc a l'esprit terrassé,
Et d'un mont de douleur son cœur est oppressé.
Sur quel point maintenant va-t-il tourner sa vue?
Dans sa situation, quelle sera l'issue?
Au bas du précipice il se sent arrivé,
Et, sans retour, enfin, croit son règne achevé.
Il consulte ses chefs sur la triste défaite,
Et trouve en ce malheur leur prudence muette,
Muet il les regarde, et d'un œil étonné
Se voit par leur silence à périr condamné.
De surprise et d'horreur il a l'âme interdite,
Le chagrin le dévore et le trouble l'agite,

---

(1) La bataille de Rouvray.

Son désastre l'effraie ; dans cet instant fatal,
Il contemple la mort, comme son moindre mal.
   Alors, intervenant, son ange tutélaire
D'un céleste rayon ses ténèbres éclaire,
Et présente à ses yeux le roi de l'Univers,
Qui tient aux affligés les bras toujours ouverts.
   Sous Chinon, la Vienne arrose en son rivage (1),
Le pied vert et moussu d'un antique ermitage,
Où le Dieu tout-puissant avec zèle adoré,
Ne fut jamais d'aucun vainement imploré.
Mille lampes d'argent, mille vases antiques
Enrichissent sa voûte, et parent ses portiques,
Vœux, depuis plus d'un siècle, à l'Eternel rendus,
Par ceux que des périls sa grâce a défendus.
   Charles rempli de Dieu, pour aller à ce Temple,
Quitte du bois sacré la route la plus ample,
Coupe, par un sentier, dans le taillis obscur,
Et découvre de loin le solitaire mur.
Il se dirige alors, vers la sainte caverne,
Sur son rustique seuil en tremblant se prosterne,
Laisse parler un temps ses pleurs et ses sanglots,
Puis y mêle sa voix, et prononce ces mots :

---

(1) C'est au château de Chinon que celui qu'on appelait par dérision le *roi de Bourges* s'était retiré. C'est là qu'il vivait dans la dépendance de son favori La Trémouille, auquel il était sans cesse obligé de recourir pour avoir de l'argent. En 1428, au 29 octobre, l'état des sommes avancées par le favori, s'élevait au chiffre de 27.000 livres, en remboursement de laquelle somme la châtellenie de Chinon servait de gage. La Trémouille avait pris un tel ascendant sur le roi que, suivant l'expression d'un contemporain, « personne n'osait le contredire ».

CHANT PREMIER.

— Monarque souverain des hommes et des anges (1),
Dont la terre et les cieux célèbrent les louanges,
Inébranlable appui des fragiles mortels,
Qui d'un fidèle culte encensent vos autels.
Je sais que des Français les transports indomptables
Leur ont souillé le cœur d'offenses exécrables,
Et que tous enivrés d'un semblable poison,
Ainsi que l'innocence ont perdu la raison ;
Aux pécheurs toutefois votre grâce est propice,
Pour eux votre bonté combat votre justice,
Les Français contre vous ont cent crimes commis,
Mais ils sont vos enfants et non vos ennemis.
C'est cette nation qui de saintes armées
A couvert tant de fois les plaines Idumées,
Et c'est ce peuple élu, qui doit à l'avenir,
Sous votre aimable joug, tous les peuples unir.
Seigneur, soyez humain à la faiblesse humaine,
Leur forfait en lui-même a rencontré sa peine ;
Ah ! ne leur donnez point de plus âpre tourment,
Il les punit assez sans autre châtiment,
Après tant de malheur, après tant de souffrance,
Faites leur désormais sentir votre clémence,
Calmez en leur faveur votre juste courroux,
Et modérez pour eux la rigueur de vos coups.

---

(1) Cette prière remplace celle que l'histoire elle-même reconnaît avoir été dite par Charles VII. C'est après en avoir rappelé les termes — alors que cette prière était le secret absolu du roi — que Jeanne parvint à convaincre celui-ci de sa mission.

Accordez-leur la vie, et bornez leur supplice...
Où s'il faut d'une mort payer votre justice,
Pour les en délivrer, je la veux bien souffrir,
Et viens à votre foudre en leur place m'offrir !
 Alors du roi des rois la vénérable image
Fit d'un soudain éclair resplendir son visage ;
Charles baise la terre à l'aspect de ces feux,
Renforce sa prière, et redouble ses vœux.

 Loin des murs flamboyants, qui renferment le monde,
Dans le centre caché d'une clarté profonde,
Dieu repose en lui-même, et vêtu de splendeur
Sans bornes est rempli de sa propre grandeur.
Une triple personne en une seule essence,
Le suprême pouvoir, la suprême science,
Et le suprême amour, unis en trinité,
Dans son règne éternel forment sa Majesté.
Un volant bataillon de ministres fidèles
Devant l'être infini soutenu sur ses ailes,
Dans un juste concert de trois fois trois degrés,
Lui chante incessamment des cantiques sacrés.
Sous son trône étoilé, patriarches, prophètes,
Apôtres, confesseurs, vierges, anachorètes,
Et ceux qui par leur sang ont cimenté la foi,
L'adorent à genoux saint peuple du saint roi.
A sa gauche est debout la Vierge immaculée,
Qui, de grâce remplie, et de vertu comblée,

Conçut le Rédempteur dans son pudique flanc,
Entre tous les élus obtient le premier rang.
Au même tribunal, où tout bon il réside,
La sage providence à l'univers préside,
Et plus bas à ses pieds, l'inflexible destin
Recueille les décrets du jugement divin.
De son être incréé tout est la créature,
Il voit rouler sous lui l'ordre de la nature,
Des éléments divers est l'unique lien,
Le père de la vie et la source du bien.
Tranquille possesseur de sa béatitude,
Il n'a le sein troublé d'aucune inquiétude,
Et voyant tout sujet aux lois du changement,
Seul, par lui-même en soi, dure éternellement.
Ce qu'il veut une fois est une loi fatale,
Qui toujours, malgré tout, à soi-même est égale,
Sans que rien soit si fort, qu'il le puisse obliger
A se laisser jamais, ni fléchir, ni changer.
Du pécheur repenti la plainte lamentable,
Seule peut ébranler son vouloir immuable,
Et forçant sa justice, et sa sévérité,
Arracher le tonnerre à son bras irrité (1).

 Du prince humilié la fervente prière,
Pénétra jusqu'en haut le séjour de lumière,

---

(1) Ce n'est pas sans habileté que Chapelain évite les reproches des théologiens, à l'égard de sa définition de Dieu. D'un côté, il écarte le panthéisme par ce vers : « De son être incréé tout est la *créature* »; un peu plus loin, il prévient le reproche de fatalisme, en admettant que le repentir du pécheur peut changer une loi *fatale*, « qui *toujours, malgré tout*, à soi-même est égale ».

Émut Dieu sur son trône, et pleine de vigueur,
Pour le bien des Français amollit sa rigueur.
La vierge mère alors, la céleste Marie,
D'un mal si déplorable ayant l'âme attendrie,
Conjure l'Éternel de finir leurs malheurs,
Et parle avec la voix, les soupirs et les pleurs :
— Contemple, lui dit-elle, ô Monarque suprême,
Tes Français accablés sous leur misère extrême,
Et te satisfaisant des maux qu'ils ont soufferts,
Veuille les garantir du trépas et des fers.
Il n'est point de mortel qui, d'un semblable zèle,
Ait jamais confessé ton essence immortelle,
Ni qui d'un sentiment si plein d'humilité,
Ait rendu son hommage à ta divinité.
Qu'il serve à ces pécheurs, pour apaiser ton ire,
D'avoir en l'univers fait fleurir ton Empire,
Et, d'un cœur en ta foi pleinement confirmé,
Toujours dans leurs besoins ton pouvoir réclamé.
  Dieu répond à la Vierge. Au son de ses paroles,
La machine des cieux chancelle sur ses pôles,
Le feu brille d'éclairs, l'air de foudres frémit,
La mer est agitée, et la terre gémit.
— Soit, dit le Tout-Puissant, et cesse ma colère;
Que le Français pour lui m'éprouve moins sévère,
Qu'à la rigueur enfin succède la douceur;
J'accorde son salut à son intercesseur.
Je le veux de ma main tirer du précipice,
Je veux que de la mort mon bras seul l'affranchisse,

Et que désespéré de tout secours humain,
En la main d'une fille il connaisse ma main.
Pour honorer ton sexe, et relever sa gloire,
Je veux qu'en ce combat il gagne la victoire,
Que du sexe robuste il soit le ferme appui,
Et qu'en le soutenant il triomphe pour lui.
Je veux que des Anglais la longue tyrannie,
Par ce faible instrument, soit à la fin punie,
Et que par ses efforts leur orgueil abattu,
Fasse dans le bas monde éclater ma vertu.

La bien heureuse cour, dans un profond silence,
Entend du roi des rois la sacrée ordonnance,
Puis, d'un ton de transport et d'applaudissement,
Bénit à haute voix le divin jugement.

Pour accomplir son œuvre, aussitôt il commande
A l'un des messagers de l'angélique bande,
Qu'il aille vers l'Ardenne, et trouve dans son bois
La fille destinée à sauver les « François »,
Que, par les traits ardents d'un céleste langage,
Il allume en son cœur l'héroïque courage,
Qu'il dispose son bras aux grandes actions,
Et chasse de son sein les basses passions.

Sur les confins douteux de France et de Lorraine (1),
Une épaisse forêt s'avance dans la plaine,

---

(1) Le mot « douteux » dont se sert ici Chapelain, pour en venir à Domremi, village où naquit Jeanne d'Arc, le 6 janvier 1412, mérite

Où des arbres chenus les troncs démesurés,
Sont, malgré mille hivers, par les temps révérés.
Sous leur branchage courbe, et leur feuille touffue,
L'or des rayons du jour ne frappe point la vue,
Et le brillant soleil, quand plus fort il reluit,
N'en fait point écarter les ombres de la nuit.
Là domine la paix, là le repos habite,
Là, ni meute, ni trompe, aucun bruit ne suscite,
Là, les rampants ruisseaux coulent sans murmurer,
Et là le plus doux vent n'oserait soupirer.
A l'abord de ce bois, d'une soudaine crainte
Les errants voyageurs sentent leur âme atteinte,
Et, cent fantômes vains à tous coups se formant,
Passent ses noirs sentiers avec frémissement.

En ce lointain séjour, une modeste fille,
L'honneur de son pays, et l'heur de sa famille,
Sous le tranquille abri des ombrages couverts,
Adore incessamment l'auteur de l'univers.
Un troupeau de brebis, ainsi qu'elle innocentes,
Occupe de ses ans les forces impuissantes,
Dans ce simple exercice elle règne en ces lieux,
Mais son cœur a pour but de régner dans les cieux.
La grandeur du Très-Haut est son objet unique ;
Elle en repaît le feu de son amour pudique,

---

explication. Il est aujourd'hui avéré que cette localité faisait partie du territoire français. La Lorraine finissait à la rive droite de la Meuse et Domremi se trouve sur la rive gauche. Née d'un père français dans un village français, Jeanne d'Arc n'était nullement Lorraine. Néanmoins, on a pu dire avec raison qu'elle venait des marches de Lorraine.

CHANT PREMIER.

Et, par les vifs élans de sa dévote ardeur,
Monte jusqu'à sa gloire, et soutient sa splendeur.
　　Sur le Lion brûlant l'astre de la lumière,
Marchait avec lenteur dans sa longue carrière,
Et raccourcissant l'ombre en rallongeant le jour,
Eclairait aux mortels du plus haut de son tour.
L'ange, en ce même temps, vient d'une aile légère
Porter le grand message à la sainte bergère,
De pompe revêtu, de splendeur couronné,
Et d'un globe de feu partout environné.
Plus prompt que n'est l'éclair qui prévient le tonnerre,
De sphère en sphère il passe et descend vers la terre;
Le monde voit sa chute avec étonnement,
Et croit que le soleil tombe du firmament.
　　Ainsi, lorsque la nuit couvre tout de son voile,
On aperçoit souvent une brillante étoile,
Qui du ciel se détache, et se précipitant,
Trace l'air ténébreux d'un sillon éclatant.
　　Il descend sur le bois, où la fille médite,
L'ombrage s'en éloigne, et ces flammes évite;
Il n'est tronc ni rameau, qui n'en semble doré.
Et le fort le plus noir en demeure éclairé.
Ce brusque événement interrompt sa prière,
De frayeur elle tremble, et cille la paupière,
Ses yeux perdent le jour, à force de clarté,
Et d'un trouble inconnu son cœur est agité.
Du globe lumineux, qui brille autour de l'ange,
Sort une voix alors, mais une voix étrange,

Dont le son plus qu'humain et les graves accents
Lui pénètrent l'esprit, et ravissent les sens (1).
— Bergère, dit la voix, Pucelle juste et sainte,
Calme ton tremblement et dissipe ta crainte,
Du monarque éternel je suis l'ambassadeur,
Et te viens annoncer ta future grandeur.
Par ton bras, aujourd'hui, l'auguste Providence
Veut redonner la vie aux peuples de la France,
Et, pour leur bien montrer qu'ils la doivent aux Cieux,
Te vient tirer du fond de ces sauvages lieux.
Ton bras sera le bras du grand dieu des armées,
L'Anglais verra par toi ses forces consumées,
Orléans déploré s'affranchira par toi,
Et par toi Reims verra le sacre de son roi.
A ces faits merveilleux prépare ton courage,
La gloire du Très-Haut luira sur ton visage,
Et sa vertu guerrière animant ta vertu,
Fera mordre la terre à l'Anglais abattu.
 La fille à ces grands mots oppose sa faiblesse,
Ne peut ni ne veut croire à la haute promesse,
Et se renfermant toute en son humilité,
S'anéantit aux yeux de la divinité.
 Mais l'ange qui l'observe et qui voit sa pensée :
— Ton âme en vain, dit-il, est ici balancée,
Dieu, le dieu des combats, t'ordonne par ma voix,
De partir, d'attaquer et de vaincre « l'Anglois » !

---

(1) Les anciens chroniqueurs, ou du moins certains, s'accordent à voir, dans ce messager divin, l'archange saint Michel.

CHANT PREMIER.

Puis, d'un céleste feu, l'ombrageant tout entière,
Lui souffle du Seigneur la puissance guerrière,
Lui fait dans les regards éclater sa terreur,
Et lui met dans les mains les traits de sa fureur.
Dans le sein, à grands flots, il lui répand ses grâces,
Il lui fait dédaigner les entreprises basses,
Et la déterminant aux actes valeureux,
Lui donne un avant-goût du sort des bienheureux.
Le jour s'éteint alors et le lieu solitaire
Demeure dans l'horreur de sa nuit ordinaire,
Le silence y retourne, et son ombrage épais
Redevient le séjour du calme et de la paix.
Jeanne voit le désert tout semblable à lui-même,
Mais elle sent en elle un changement extrême ;
De cette nouveauté son esprit est confus,
Elle se cherche en elle, et ne s'y trouve plus.
Son troupeau, sa forêt, ses prés et ses fontaines,
Pour elle désormais sont des images vaines,
Dieu, l'Anglais, le Français, les siéges, les combats,
Seuls maintenant, pour elle, ont de dignes appâts.
Pour sauver le royaume elle prend la campagne (1),
Rodolphe, son cher frère, en son cours l'accompagne ;

---

(1) Jeanne partit de Vaucouleurs pour se rendre à Chinon, le 23 février 1429. — « Allez, et advienne que pourra, » lui dit le sire de Baudricourt, capitaine commandant la localité, lorsqu'elle se mit en route. Elle était accompagnée de deux gentilshommes de sa contrée : Jean de Metz et Bertrand de Poulengy, qui subvinrent pour la plus grande part aux frais du voyage. La petite escorte comprenait en outre Jean de Honecourt, Colet de Vienne, l'archer Richard et un servant appelé Julien.

Chapelain fait entrer un frère de l'héroïne en cette compagnie ; c'est

Elle se sent vaillante, et sa sainte chaleur
L'excite à rechercher l'objet de sa valeur.
Par les lieux que Bedfort a réduits en servage,
Elle fait en marchant un périlleux voyage,
Les champs et les cités, les fleuves et les bois,
Toute chose est contre elle en faveur de « l'Anglois ».
Mais le saint messager, sans paraître à sa vue,
Autour d'elle ramasse une volante nue,
Ce précieux dépôt à sa garde est commis,
La fille sous ce voile échappe aux ennemis.
Vers Chinon elle accourt des provinces lointaines,
Elle passe les monts, elle passe les plaines,
D'aucun empêchement son cours n'est arrêté,
La nue à son dépôt garde fidélité.

Dans les murs d'Orléans, tous, d'une ardeur égale,
Ne s'abandonnaient pas à leur perte fatale,
Et l'illustre projet de leur embrasement,
N'était pas approuvé de tous également.
Neuf riches citoyens, basses et faibles âmes,
Craignirent de brûler en de si belles flammes,
Leur courage glacé ne les put concevoir,
Et la peur en leur sein fit renaître l'espoir.
Pour remède aux grands maux, dont la ville est pressée,
Le prince bourguignon s'offrit à leur pensée

à tort. Deux des frères de Jeanne, Jean et Pierre, — et non Rodolphe, — rejoignirent, il est vrai, leur sœur, tandis qu'elle était à Chinon. Tous les deux prirent part avec elle au siège d'Orléans,

CHANT PREMIER.

Et le plus résolu, par de secrets détours,
Vint, contre Dunois même, implorer son secours.
Du haut des cieux alors un autre ange invisible,
Fond au camp de l'Anglais durant l'ombre paisible,
Et voit que d'après soins Philippe travaillé,
Dans le repos commun languit seul éveillé (1).
Il voit que de Bedford l'insolente fortune
Est ce qui l'inquiète, et ce qui l'importune,
Se coule dans son âme, en accroît la langueur,
Et fait sonner ces mots au profond de son cœur.
— Ainsi, par l'étranger ta grandeur méprisée,
A tes propres sujets servira de risée,
Ainsi ceux dont l'orgueil s'abaissait devant toi,
Dans tes propres États te donneront la loi !
C'est là l'heureux effet de la folle vengeance,
Qui rangea ton Paris sous leur obéissance,
C'est ce que mérita le transport déloyal,
Qui te les fit placer sur le trône royal.
Tu te laissas conduire à ton aveugle rage,
Sans voir qu'en la suivant tu courais au servage;
Maintenant de leurs fers tu ne te peux garder,
Tu les as commandés, ils te vont commander.
Cette forte cité, bien qu'à demi conquise,
Seule en te résistant conserve ta franchise;

(1) Philippe III (dit le Bon I), fils de Jean sans Peur, duc de Bourgogne. Il s'allia d'abord aux Anglais contre la France, et ne se rapprocha définitivement de Charles VII que vers 1435. Il contint les révoltes des Flamands, exerça une puissance royale et institua l'ordre de la Toison d'or. Il laissa pour héritiers le comte de Charolais, plus connu, dans l'histoire, sous le nom de Charles le Téméraire.

Juge dans quels filets ton courroux t'a jeté,
Si tu gagnes ces murs, tu perds ta liberté !
L'ange du Tout-Puissant, d'une ardeur véhémente,
Par de semblables mots l'agite et le tourmente;
La nuit se passe en veille, et le nouveau soleil
Cherche en vain dans ses yeux les traces du sommeil.
L'esprit comblé d'horreur, au plus fort de sa peine,
Il voit un citoyen qu'à sa tente on amène,
Se trouble à son abord et consent à regret,
Qu'au nom du triste peuple il lui parle en secret.
L'habitant près de lui jusqu'en terre s'incline,
Dit que ces boulevards sont près de leur ruine,
Qu'attaqués de l'Anglais et pressés de la faim,
Si son aide leur manque, ils résistent en vain.
— Désormais, poursuit-il, rien ne les peut défendre,
Mais on les veut brûler, plutôt que de les rendre,
La valeur de Dunois passe à l'extrémité,
Et préfère la flamme à la captivité.
Contre ces nobles toits, et ce rempart fidèle,
Son indomptable cœur rend sa vertu cruelle,
Il a pris des soldats le funeste serment,
Et la ville éplorée attend l'embrasement.
Prends pitié de ce peuple, et tiens-le en ta garde;
C'est toi seul qu'aujourd'hui pour asile il regarde,
Au dehors, au dedans, il ne voit que la mort;
Sauve-le de Dunois, sauve-le de Bedford!
Pourrais-tu rejeter une gloire si grande ?
Tu lui dois accorder le bien qu'il te demande;

Affranchis-le du moins des étrangères lois,
Et s'il subit le joug, que ce soit d'un « François ».
　Du prince criminel l'âme, à ces mots, confuse,
Au message flatteur la créance refuse ;
C'est le plus grand des biens qu'il puisse désirer,
Il le voit, il le touche, et n'ose l'espérer.
Enfin, ravi de joie, il reçoit la requête,
Et se promet déjà le fruit de la conquête ;
Il reprend ses desseins, et pense déjà voir
L'audacieux Bedford rangé dans le devoir.
Il lui porte soudain l'agréable nouvelle,
Qu'Orléans à leurs vœux cesse d'être rebelle,
Mais que telle est en lui la frayeur de « l'Anglois »,
Que du Bourguignon seul il veut suivre les lois.
Puis offre, si sa foi peut mériter ce gage,
D'en rendre aux léopards un solennel hommage,
De resserrer entre eux un éternel lien,
Et dans leurs intérêts mettre toujours le sien.
　Bedford baisse la vue, et le sourcil qu'il fronce (1),
Fait, même avant qu'il parle, entendre sa « réponse »,
Il est longtemps muet ; enfin haussant les yeux,
Il profère ces mots d'un air impérieux :

---

(1) Cette entrevue du duc de Bourgogne et de son beau-frère, le duc de Bedford, est parfaitement exacte, mais elle n'eut pas lieu au quartier général anglais ainsi que Chapelain semble le faire entendre. Elle eut lieu à Paris où le duc Philippe avait emmené les députés d'Orléans. A dater de ce moment, le Bourguignon devint un allié difficile et incertain pour les Anglais. Il ne faut pas oublier, d'ailleurs, que les défenseurs de la ville étaient Armagnacs et qu'ils représentaient l'élite du parti national.

— L'inflexible rigueur des triomphantes armes
Ne permet aux vaincus que l'usage des larmes,
Et lorsqu'à la valeur la fortune se joint,
Elle donne des lois et ne les reçoit point.
Où jamais a-t-on vu qu'une ville captive,
Au pouvoir du vainqueur, des limites prescrive,
Pour maître, dans les fers, ose le refuser,
Et veuille d'elle-même à son gré disposer.
Le légitime droit, qui suit l'heureuse guerre,
Avec ses boulevards met tous ses droits par terre,
Et du bras qui la dompte, on voit absolument
Dépendre ou sa misère, ou son soulagement.
Non, non, nous la prendrons cette orgueilleuse place,
Nous camperons armés sur sa haute « terrace »,
Nous aurons en nos mains sa vie et son trépas,
Et lui ferons vouloir ce qu'elle ne veut pas !
C'est une gloire due à la seule Angleterre,
Puisque son seul travail achève cette guerre ;
Elle possédera ce superbe rempart,
Et nul impunément n'y croira prendre part.
Oui, malgré ciel et terre, il faut qu'elle en jouisse ;
Il le faut par honneur, il le faut par justice !
Eh ! qui pourrait permettre, ayant bien combattu,
Qu'un autre vint cueillir le fruit de sa vertu ?

    Le Bourguignon surpris de sa réponse amère,
En sent jusqu'à la rage enflammer sa colère ;
Il demeure sans voix, il change de couleur,
Et d'un fixe regard témoigne sa douleur.

Plein de fiel il le quitte et s'enferme en sa tente,
Contemple avec horreur sa fortune présente,
Voit sa perte assurée, et forme, dans son sein,
Par un sanglant dépit, un généreux dessein.
Bedford prend l'habitant, et par plus d'une gêne,
Le force à déclarer le sujet qui le mène,
Puis, d'un sombre nuage ayant le front chargé,
Avec ces mots cruels, il lui donne congé.
— Va, dit-il, et retourne à la ville obstinée,
Dis-lui qu'à mille morts nous l'avons condamnée,
Et qu'avec tout leur art, Philippe ni Dunois
Ne sauraient la sauver de nos plus dures lois.
L'habitant effrayé dans la ville repasse,
Et partout y répand l'arrêt de leur disgrâce ;
Un même désespoir maîtrise tous les cœurs,
Et chacun se prépare aux dernières rigueurs.

De toutes parts alors l'errante renommée,
Comme si la cité venait d'être abîmée,
D'un vol infatigable, et d'un langage ardent,
Porte, et conte aux mortels son mortel accident.
Elle dit qu'à périr par Dunois disposée,
Pour n'être pas esclave elle s'est embrasée,
Et qu'avec les grands chefs, sous ses murs démolis,
Le peuple et le soldat se sont ensevelis.
Du monarque, à ce bruit, la constance succombe,
Son corps d'horreur se glace et de faiblesse tombe,

De trouble son esprit perd l'usage des sens,
Et lorsqu'il se réveille il pousse ces accens :
  — Que peut plus contre moi le ciel inexorable ?
De quoi peut-il encor me rendre misérable ?
Ce que j'avais à perdre, il me l'a tout ôté,
A force de malheurs je suis en sûreté.
Achève, achève, Anglais, ton inique entreprise,
Mon Dunois, par sa mort, t'a la France conquise ;
C'est cette mort fatale, à qui seule tu dois,
De la voir enfin prête à tomber sous tes lois !
Heureux que ce héros, digne du diadème,
Ait tourné sa valeur contre sa valeur même ;
En vain tout son effort eût choqué ta vertu ;
Ce grand cœur par lui seul pouvait être abattu.
Mais, ô brave Dunois, quelle fureur subite
Dans ce cruel dessein ton âme précipite ?
Quel désespoir t'emporte et t'excite à périr ?
Qui t'engage en mourant à me faire mourir ?
Tu me détruis, hélas ! et ta flamme inhumaine,
En t'ouvrant le sépulcre au sépulcre m'entraîne ;
Je vivais par toi seul, et la rage du sort
M'attaquant désormais, n'attaque plus qu'un mort.
La France par ton bras soutenue, animée,
N'eût pu durant tes jours demeurer opprimée,
Quelques grands accidents qui nous soient arrivés,
Tu ne devais que vivre, et nous étions sauvés.
Par l'affreux mouvement qui t'enlève à la vie,
Tu rends à mes sujets la couronne asservie,

CHANT PREMIER.

Tu m'arraches le spectre, et servant mon vassal,
Tu revêts son orgueil de mon manteau royal !
  Là, de saisissement, il met fin à sa plainte ;
Il renferme en son cœur ses muets déplaisirs,
Ou, s'il les fait parler, ce n'est que par soupirs.
Tombé de maux en maux au fond du précipice,
En tout au fer rebelle il voit le sort propice,
En tout il voit le sort contre lui conjuré,
Et pour lui désormais juge tout déploré.
  Dans le faible Chinon, qui lui sert de retraite,
Sous le lambris doré d'une chambre secrète,
Il assemble ses chefs, et pressé de douleur,
Leur déclare en ces mots l'excès de son malheur (1) :
  — Indomptables guerriers, ma fortune cruelle
N'est pour aucun de vous une chose nouvelle,
Vous avez partagé mes peines et mes soins,
De mes sanglants travaux compagnons et témoins.
Dès que je vis le jour, ma déplorable vie
Fut l'objet de la haine et le but de l'envie ;
Mes sensibles tourments grandirent avec moi,
Je fus malheureux prince, et suis malheureux roi.

---

(1) « La position du roi devenait de plus en plus critique ; sa détresse était extrême ; son trésorier déclarait qu'il n'avait pas quatre écus en caisse, tant de l'argent du prince que du sien. » — (*Jeanne d'Arc*, par Henri Wallon, tome 1ᵉʳ, page 106.) — Charles VII en était réduit à vendre ses joyaux et tout ce qu'il possédait, à faire remettre des manches à ses vieux pourpoints. Un jour, un cordonnier lui retira du pied une bottine qu'il venait d'essayer, parce qu'il ne pouvait payer comptant sa chaussure.

Passons de mes vassaux les pratiques rebelles,
Passons de ma maison les trames criminelles,
Passons de mes tyrans les injustes assauts,
Ces maux, pour nous, hélas! sont des antiques maux...
Un dernier, plus que tous, à mon règne est funeste,
Du fidèle Orléans nulle trace ne reste,
Et le brave Dunois, en renversant ses tours,
Sous leur vaste ruine a terminé ses jours...
Mon généreux Dunois, de qui l'âme inflexible,
Jusques dans le tombeau s'est fait voir invincible,
Et dont les puissants bras, partout si redoutés
Pouvaient me valoir seuls plus que mille cités!
Ainsi l'heureux Anglais remporte la victoire,
Tout répond à ses vœux, rien ne manque à sa gloire,
J'empêche seul qu'en tout il ne soit satisfait,
Je manque à son triomphe, et le rends imparfait.
De mon désastre, amis, je n'accuse personne;
C'est le ciel qui le veut, c'est le ciel qui l'ordonne,
Et si le bon succès eût suivi le grand cœur,
Bedfort serait vaincu, Charles serait vainqueur.
Mais pouvant de ses mains être encore la proie,
Otons à sa fureur l'espoir de cette joie,
Otons au sort injuste, à ses vœux complaisant,
Le moyen de lui faire un si rare présent.
L'Auvergne, pour finir mes tristes aventures,
Me fournira l'abri de ses grottes obscures,
Et je conserverai, dans ces sauvages lieux,
L'image de l'éclat dont brillaient mes aïeux.

CHANT PREMIER.

Et si le fier Anglais, suivant son entreprise,
Vient parmi ces rochers attaquer ma franchise,
Lorsqu'il aura percé leurs épaisses forêts,
J'irai plus loin, s'il faut, me garder de ses traits.
De l'âpre Dauphiné je suis toujours le prince,
Il m'offre un doux refuge en sa forte province,
Et je puis, sur ses monts, attendre en sûreté,
Ce que de mes destins les cieux ont arrêté.
De là, quand nous verrons adoucir l'insistance,
Qui de tant de malheurs persécute la France,
Nous reviendrons armés, en belliqueux torrens,
D'un cours impétueux fondre sur nos tyrans.
Donc, pour ne pas tomber sous le joug du barbare,
Que chacun à partir sans regret se prépare;
Laissons à l'étranger notre propre maison,
Et choisissons l'exil plutôt que la prison.

  A ces mots il s'arrête, et la troupe assemblée,
D'une amère douleur ayant l'âme comblée,
Tristement consentait au dur commandement,
Et Charles pour sortir se levait tristement;
Quand il voit, vers la porte, un mobile nuage
S'avancer contre lui, traverser son passage,
Étinceler, se fendre, et découvrir aux yeux
Un portrait animé des merveilles des cieux.
Le nuage, en son sein, ainsi qu'une ample scène,
Lui montre une bergère, ou plutôt une reine;
Tant d'éclat rejaillit, tant de majesté sort,
De son air vénérable, et de son grave port.

Sa taille est plus qu'humaine (1), et dans sa haute mine,
Reluit l'impression de la grâce divine ;
Elle a le front modeste, et son sévère aspect
Des moins respectueux attire le respect.
Son poil brun, qui se frise en boucles naturelles
Accompagne le feu de ses noires prunelles,
Et l'on voit en son teint, d'éternelle fraîcheur,
La rougeur se mêler à l'aimable blancheur.
Les douceurs, les souris, les attraits ni les charmes,
De ce visage altier ne forment point les armes,
Il est beau de lui-même, il dompte sans charmer,
Et fait qu'on le révère, et qu'on n'ose l'aimer.
Pour tous soins, une fière et sainte négligence,
De sa mâle beauté rehausse l'excellence,
Et par ses ornements, ouvrages du hasard,
Rend la nature en lui plus aimable que l'art.
Une innocente flamme, ainsi qu'une couronne,
Dore sa tresse brune, et sa tête environne,
Mais d'un divin brasier ses regards flamboyants
Percent et brûlent tout de leur traits foudroyants.

---

(1) Jeanne arriva à Chinon le 6 mars. Deux jours après, elle fut présentée à la cour par le comte de Vendôme. — « Je ne suis pas le roi, » — lui dit Charles, auquel elle était allée directement, bien qu'il se dissimulât parmi les seigneurs de sa suite. — « Eh ! mon Dieu, gentil prince, vous l'êtes et non un autre. » répondit l'héroïne avec assurance. Et elle aborda aussitôt l'objet de sa mission.

Elle n'était pas en costume de bergère, comme le dit le poète. Dès son départ de Vaucouleurs, elle avait pris un vêtement d'homme ainsi décrit par l'Anonyme de Larochelle, publié par J. Quicherat (*Revue historique*, t. IV) : « Pourpoint noir, chausses estachées, tunique courte de gros gris noir, cheveux ronds et noirs, un chapeau noir sur la teste. » Jeanne avait un peu plus de dix-sept ans.

CHANT PREMIER.

Son geste, bien que sage, est plein de hardiesse,
Sa contenance est humble et pourtant sans bassesse,
Et sa condition ne paraît nullement,
Sinon par sa houlette, et par son vêtement (1).

Chacun plein de surprise, à ce nouveau spectacle,
Doute si c'est un songe, ou si c'est un miracle,
Et tous, accoutumés à leur sort rigoureux,
N'oseraient s'en promettre un état plus heureux.
En ce même moment, l'auguste Providence,
Qui veut que désormais le saint œuvre commence,
Du souffle de son sein, dans leur sein descendu,
Détermine en son choix leur esprit suspendu,
Avec ce souffle pur, une forte lumière
Leur descend dans le cœur, leur ouvre la paupière,
Et pour croire en la Fille, et recevoir sa loi,
Si quelque doute encore en leur âme demeure,
Par ses brûlants rayons il se dissipe à l'heure;
Dans l'aspect de cet Astre ils découvrent leur bien,
Et pour eux désormais ne redoutent plus rien.

Le monarque français, en ce point mémorable,
Parmi ses courtisans n'a rien de remarquable,

---

(1) Tous les chroniqueurs et biographes, affirme M. Wallon dans son histoire, s'accordent à déclarer qu'elle était aussi forte que belle : belle et bien formée (d'Aulon) ; bien compassée des membres et forte (*Chronique de la Pucelle*) ; grande et moult belle (*Miroir des femmes vertueuses*) ; de grande force et puissance (*Chronique de Lorraine*) ; elle avait la voix douce, disent ceux qui l'ont entendue (Guy de Laval et Boulainvillers), d'une puissance qui marquait dans la jeune fille l'entier développement de la femme. — C'était une âme religieuse dans un corps robuste et sain.

Comme eux il est vêtu d'un simple habillement,
Et comme eux, dans la foule, il va confusément.
La Fille toutefois, par les cieux éclairée,
Le choisit entre tous d'une œillade assurée,
Et d'une ferme voix lui parle en mots puissants ;
L'Ange qui l'accompagne anime ses accents.
— Ta prière, dit-elle, est enfin exaucée,
Charles, Dieu prend pitié de ta gloire abaissée,
Sa sainte volonté se tourne en ta faveur;
Je serai sa guerrière, il sera ton sauveur.
C'est, dans le seul dessein de finir ta misère,
Qu'il m'a ravie aux bois, jeune et faible bergère,
Et de sa propre main, guidée à ton secours,
Malgré tous les périls, qui traversaient mon cours.
Des merveilleux effets de sa grâce propice,
Je suis la messagère, et suis l'exécutrice,
Et j'apporte, en son nom, dans ce fragile bras,
Aux Français le salut, aux Anglais le trépas.
Je viens, sous le pouvoir de l'Arbitre du monde,
Remettre ton empire en une paix profonde,
Redonner la culture à tes champs désertés
Et rétablir la joie en tes mornes cités.
La Loire, par ce bras, va voir sa délivrance,
La Seine va par lui couler sous ta puissance,
Et Reims te va rouvrir un chemin glorieux,
Pour remonter au trône, où régnaient tes aïeux.
Reprends le noble espoir et le ferme courage,
Qui t'ont fait, si longtemps, résister à l'orage;

CHANT PREMIER.

Reprends le gouvernail, que des ombrages vains
Ont fait abandonner à tes royales mains.
Arrière le penser d'en laisser la conduite;
Arrière le penser de retraite et de fuite;
Aucun lieu, si tu fuis, ne te peut assurer;
Dans le seul Orléans, il faut persévérer.
Orléans à l'Anglais fait toujours résistance,
Et donne jour encore au salut de la France;
L'invincible Dunois est encore vivant,
Et le bruit de sa mort est un bruit décevant.
De ton âme, ô grand roi, bannis donc la faiblesse;
J'ai, pour toi, du grand Dieu la foudre vengeresse;
Ce bras est l'instrument de son juste courroux;
Et bientôt le rebelle éprouvera ses coups.

En terminant ces mots, la céleste guerrière,
Jette une plus ardente et plus vive lumière;
De son superbe éclat les yeux sont éblouis;
De son mâle discours, les cœurs sont réjouis.
La grâce du Seigneur rend sa voix efficace,
Tous, intérieurement sentent fondre leur glace;
Chacun bénit son sort, et s'étonne de voir,
Au plus fort de la peur ressusciter l'espoir.
Le seul vieillard Gillon(1), qu'une jalouse crainte
Avait rendu d'abord ennemi de la Sainte,
Durant qu'elle parla, ne fit que murmurer,
Et parut en courroux, d'avoir lieu d'espérer.

---

(1) Ce vieillard Gillon est le père d'Amauri, qu'on verra bientôt intervenir et dont le nom fictif couvre la personnalité de Georges de

Animé par sa peur, il s'élance, et s'écrie :
— Ah! Charles, défends-toi de cette piperie ;
Dans le fond de l'abîme, on te veut replonger ;
Et ce jeu, n'a pour but, que de t'y rengager.
L'Anglais te tend ce piège. — A ces mots, la Pucelle
Se tourne, l'envisage, et des yeux étincelle ;
Par leurs brillants éclairs, il se sent interdit,
Et l'ardeur de son feu soudain se refroidit.

Charles levant aux cieux la vue et la parole ;
— Père commun, dit-il, dont le soin nous console,
Qui d'un œil de pitié regardes tes enfants,
Et de vaincus qu'ils sont, veux qu'ils soient triomphants,
Je reçois, plein de foi, de respect et de crainte,
Cette insigne faveur de ta Majesté sainte,
Et déjà par l'effort de ton foudre lancé,
Je vois le Français libre, et l'Anglais « terracé ».

Puis, rabaissant ses yeux sur la fille admirable :
— O guerrière, dit-il, ô merveille adorable,
Mon sceptre désormais dépendra de ta loi,
Je veux dans mon royaume être sujet pour toi.

La Trémouille, le favori à la suggestion duquel resta si longtemps docile Charles VII. Contrairement à ce que dit Chapelain de son personnage, La Trémouille était d'illustre origine. Son père, Gui de La Trémouille, avait été lui-même favori de Philippe le Hardi. Par ses exactions et ses félonies, Georges s'était acquis une fortune énorme, mais ni les honneurs dont il fut comblé, ni les titres qui lui furent prodigués n'ont pu sauvegarder sa mémoire restée odieuse aux yeux de tous. En ne le nommant pas, Chapelain, très certainement, a voulu épargner l'amour-propre du duc de La Trémouille, prince de Tarente, qui vivait de son temps et qui était l'ami de la famille de Longueville.

CHANT PREMIER.

Use de tout le droit que ma noble couronne
Me donne sur mon camp, sur mes peuples me donne,
Guide et pousse mon bras contre mes ennemis,
Toujours à ton vouloir le mien sera soumis.
Mes pas suivront tes pas, au milieu des batailles,
Mon bras suivra ton bras, à l'assaut des murailles,
Mon cœur suivra ton cœur, dans les feux et les traits,
Et n'aura pour objet que tes illustres faits.
Mais armons, avant tout, ce céleste courage,
Qui nous doit affranchir de mort et de servage;
En cuirasse, en épée, il est temps de changer
Ces champêtres habits, ces armes de berger.
 De joie en finissant il verse quelques larmes
Et la veut honorer de ses plus chères armes (1);
Il veut en ce lieu même, en ce même moment,
Offrir à sa valeur ce guerrier ornement.
Par son ordre on l'apporte, et pompeux marche en tête
L'armet, dont un grand coq forme l'altière crête,

---

(1) Chapelain est dans l'erreur lorsqu'il dit que Charles fit revêtir Jeanne de sa propre armure. On en commanda une exprès pour elle, dont le coût s'éleva à 100 livres, ce qui ferait aujourd'hui 564 francs. Vallet de Viriville l'a décrite ainsi : « Chapeau de feutre noir, cuirasse de fer poli avec diverses pièces pour protéger le corps et les aines; jambes garnies de grègues de fer, pieds chaussés de cuir; cotte d'étoffe brune tombant entre la cuirasse et les jambières, un peu au-dessous du genou; manches rouges collantes, et, par-dessus, manches ouvertes adaptées aux épaules. » — « Quand elle estoit sur faict d'armes, dit Thomassin, elle estoit hardie et courageuse, et parloit haultement du faict des guerres, et quand elle estoit sans harnois, elle estoit moult simple et peu parlant. » Chapelain en s'écartant de la donnée exacte, quant à l'armure de Jeanne, use, d'ailleurs, du droit qu'a tout chantre d'épopée, auquel il appartient surtout de frapper l'imagination du lecteur.

Et, qui d'un grand panache ombragé tout autour,
Par devant même à peine est éclairé du jour.
Le hausse-col léger au grand casque succède,
Et de trempe et d'éclat, presque en rien ne lui cède;
Il s'ouvre, et se referme, et cent clous étoilés
En brodent près à près les rebords étalés.
Après, entre et reluit la puissante cuirasse,
Qui seule à la porter deux puissants hommes lasse;
Et fait voir par son poids, qu'en aller revêtu,
Ne peut être un effort de commune vertu.
Puis, viennent les brassards à ployantes écailles,
La terreur des tyrans en l'ardeur des batailles;
Viennent les gantelets écaillés et ployants,
Que leur dos tant de fois a sentis foudroyants.
Enfin, parait la grande et solide rondache,
Celui qui la soutient derrière elle se cache;
Son centre est un soleil, par qui de toutes parts,
Cent rayons ondoyants vers ses bords sont épars.
D'impénétrable acier ces armes composées,
De l'artisan robuste ont les forces usées ;
Il les fit pour son prince, et, d'un soigneux devoir,
Sur elles de son art consomma le pouvoir.
Par la savante main leur étoffe polie,
Sous des lames d'argent fut toute ensevelie,
Et sur l'argent épais étincelait encor,
Un riche embrassement de vives flammes d'or.
Entre elles s'élevaient, en bosse délicate,
Les faits par qui des Francs l'antique honneur éclate :

Ces généreux desseins, ces triomphants exploits,
Qui servirent de base au trône des « François ».
Sur tout y resplendit la victoire ancienne,
Qui bannit de leurs cœurs l'impiété païenne,
Et le fameux succès des champs italiens,
Par qui fut leur grand roi l'aîné des rois chrétiens (1).

   Charles de sa main propre en revêt la Pucelle,
Et dit : — Fassent les cieux, pour leur gloire immortelle,
Que, plus heureusement qu'ils ne me l'ont permis,
Tu les puisses porter contre mes ennemis.

   Puis ôtant de son col la flamboyante épée,
Qu'il a de sang rebelle en tant de lieux trempée,
Au flanc de la guerrière il voulait l'attacher,
Mais par ces graves mots il s'en vit empêcher.

   — Garde ce fer, dit-elle, et fais que ta vaillance
Par lui serve à briser les chaînes de la France ;
Le sauvage Fierbois a dans son sein pieux,
Celui par qui mon bras sera victorieux.
Là non loin d'un cercueil rustique et vénérable,
Où reposent les os d'une fille admirable (2),
Sous la terre sacrée, au pied d'un sombre autel,
Est l'ardent coutelas du célèbre Martel.
Ce coutelas heureux, sur la Loire asservie,
Ravit aux Sarrazins la conquête et la vie,
Et par ce grand héros, au fond de ce saint lieu,
Encore tout sanglant fut offert au grand Dieu.

---

(1) Clovis.
(2) Le tombeau de sainte Catherine.

Maintenant, pour ton bien, la Majesté divine,
A détruire l'Anglais ce coutelas destine,
Elle veut que par lui l'Anglais soit immolé,
C'est un secret fatal qu'elle m'a révélé.
Si tu veux à sa tête enlever ta couronne,
Fais que bientôt Fierbois ce coutelas me donne,
Sans lui mon faible bras ne te peut secourir,
Et ta France est encore en état de périr.
 Elle achève d'un ton rempli de véhémence;
Charles croit de Dieu même entendre l'ordonnance,
Et, pour l'exécuter, élit seul entre tous,
Le non moins valeureux que dévot Châteauroux (1).
De cent humbles respects il honore la Sainte,
Pour elle il a le cœur plein de zèle et de crainte,
Sur elle avec transport il attache ses yeux,
Et l'imagine un ange envoyé par les cieux.
Chacun de ses guerriers, imitant son exemple,
Avec même transport la guerrière contemple,
Et tous, dans ses regards recherchant leur destin,
Pensent de tous leurs maux y découvrir la fin.
 Ainsi les voyageurs, que la nuit sombre et vaine
A surpris aux déserts de la plage africaine,
Parmi les monts de sable enflammés et mouvants,
Que font et que défont les caprices des vents;
Après mille terreurs, apercevant éclore
Les feux resplendissants de la vermeille aurore,

---

(1) Chauvigny, baron de Châteauroux. La famille de Chauvigny posséda cette baronnie, depuis 1197 jusqu'à 1502.

Tournent les yeux vers elle, et d'aise transportés
Pensent voir leur salut en voyant ses clartés.
　Déjà le blond soleil demi-plongé dans l'onde,
De rayons languissants illuminait le monde,
Et déjà l'horizon, dans tout son large tour,
Tenait plus de la nuit, qu'il ne tenait du jour;
Déjà du firmament les plus vives étoiles,
Des campagnes de l'air perçaient les sombres voiles,
Et déjà les flambeaux de mille astres divers,
D'une lumière pâle, éclairaient l'Univers.
La sainte fille alors, de chacun révérée,
Loin du profane bruit, à l'écart retirée,
Pour relever le trône, et délivrer ces lieux,
D'ardentes oraisons importune les cieux.

CHANT SECOND

Cependant la nuit vole, et sous son aile obscure,
D'un paisible sommeil endormant la nature,
Dans les plaines des airs tient les vents en repos,
Et sur les champs salés fait reposer les flots.
A tout ce qui se meut, à tout ce qui respire,
Dans les prés, dans les bois, le repos elle inspire ;
Elle suspend partout les travaux et les bruits,
Et partout dans les cœurs assoupit les ennuis.
    Charles seul éveillé sort avant la lumière,
Vers lui voit d'un pas grave avancer la guerrière,
Et vers elle à l'envi d'un pas grave avançant,
Lui dit qu'assisté d'elle il est assez puissant.
Mais elle lui répond : — Arme, ô valeureux prince,
Tout ce qu'on peut armer dans ta faible province ;
Je vaincrai bien l'Anglais, mais non pas sans soldats,
Qui marchent sur ma trace, et secondent mon bras.
Va donc, et sans tarder, lève, en ce coin de terre,
Ce qui lui reste encor de propre pour la guerre ;

LA PUCELLE. — CHANT SECOND. 43

Forme plutôt un camp d'enfants et de vieillards;
Dieu conduira leurs mains et poussera leurs dards.
   Soudain, de tous côtés, l'ordre vole et revole;
Tout le pays s'émeut, tout le peuple s'enrôle,
Et la ville et les champs enfantent des guerriers,
Qui dans cette entreprise espèrent des lauriers
L'ange du ciel s'y mêle, et dans chaque village,
Au sein des moins âgés souffle un mâle courage,
Remplit de feu les cœurs que l'âge a refroidis,
Rehausse leur bassesse, et les rend plus hardis.
Effet prodigieux ! merveille plus qu'humaine !
Il ne faut que six jours pour en couvrir la plaine;
Sous le mur de Chinon, six mille combattants,
De vingt lieux, dans six jours, viennent en même temps.
L'amas en est confus et la force impuissante;
En leurs bras toutefois Charles met son attente,
Et ne saurait douter que leur vaillant effort,
Ne fasse en sa faveur changer l'ordre du sort.
   A semblable remède et dans semblable guerre,
La cité qui depuis fut le chef de la terre (1),
Avait jadis recours, quand ses fragiles toits
Attendaient les assauts des terribles Gaulois.
L'épouvantable avis du déluge celtique,
Armait, en un moment, toute la République;
Des jeunes, ni des vieux, nul n'était exempté.
Tout âge combattait en cette extrémité.

---

(1) Rome.

Alors qu'ainsi se lève et s'assemble l'armée,
La céleste guerrière au palais renfermée,
Avant que de tonner sur le rebelle « Anglois »,
De la fortune encore lui veut donner le choix.
Avant que de le perdre, elle veut qu'il entende
Ce que du roi des rois le décret lui commande ;
Et veut, par la terreur du jugement divin,
L'induire à prévenir sa désastreuse fin.
Pour lui, quoique tyran, sa charité s'allume ;
Elle prend le papier, l'ange conduit sa plume,
Et, l'esprit du Seigneur, animant son esprit,
Dicte à sa forte main ce généreux écrit.

« Étrangers, dont le fer dans le champ de la gloire,
A tant de fois sur nous moissonné la victoire,
Soumettez vos lauriers à la fille des cieux,
Et craignez le destin des vœux ambitieux.
Les crimes des Français, sans égaux sur la terre,
Avaient contre leur chef provoqué le tonnerre,
Le conseil éternel conclut leur châtiment,
Et voulut que ces bras en fussent l'instrument.
N'en soyez point plus vains ; ces hautes entreprises,
Ces bataillons défaits, ces murailles conquises,
N'ont point pour fondement votre fausse vertu,
Dieu, contre les Français, a par vous combattu.
Son ire est maintenant par leurs maux apaisée,
Et vous a désormais pour unique visée ;

CHANT SECOND.

Vos crimes, à leur tour, ont sur vous attiré
De son glaive vengeur le tranchant acéré.
De l'abîme profond Dieu va tirer la France,
Pour punir de vos mœurs la damnable licence,
Et vous allez, par elle, être précipités,
De ce sublime comble où vous êtes montés.
Mais, bien qu'un foudre ardent gronde sur votre tête,
Vous pouvez toutefois conjurer la tempête,
Adoucir du Seigneur le flamboyant courroux,
Et suspendre l'arrêt prononcé contre vous.
Ne vous obstinez plus sous la constante ville,
Qui rend, même aux abois, votre effort inutile,
Et tirez vos drapeaux des murs infortunés,
Qu'à subir votre joug leur sort a condamnés.
Repassez, revolez dans votre île barbare,
Qu'à jamais de nos bords l'Océan vous sépare,
De cet heureux climat oubliez le plaisir,
Et perdant son aspect perdez-en le désir.
Que si vous résistez, d'une audace farouche,
Je vous l'annonce, Anglais, Dieu parle par ma bouche,
Dans ce point, où votre heur est le plus éclatant,
La chute vous menace et la mort vous attend.
Le bras du souverain détruira vos armées,
Otera votre joug aux terres opprimées,
Affranchira les murs asservis sous vos lois,
Et brisera le sceptre en la main de vos rois.
Après avoir perdu vos fameuses conquêtes,
Vous souffrirez encor de nouvelles tempêtes,

Vous perdrez la Guyenne, et les peuples Normands
Cesseront d'obéir à vos commandements.
Jusqu'ici le Français, par nulle autre victoire,
N'a porté son mérite à si haut point de gloire,
Ni l'Anglais n'est tombé, par nul autre malheur,
Dans un gouffre si bas de honte et de douleur. »

Elle achève l'écrit, le signe, le cachette,
Et le commet au soin d'un courageux trompette,
Avec ordre qu'il aille et le rende à Bedford,
En plein jour, devant tous, au milieu de son fort (1).
Il part à l'instant même et la laisse en prière ;
La Pucelle à genoux passe la nuit entière,
Et dans ce saint état, parmi de saints ennuis,
Passe les jours suivants et les suivantes nuits.
Enfin hors des remparts vers Charles retournée,
Elle trouve du camp la milice ordonnée,
Et confirme en l'esprit de ces nouveaux soldats,
Et l'espoir du triomphe, et l'amour des combats.
Aux flammes de ses yeux, à sa parole ardente,
Se redouble le feu de leur valeur naissante ;

---

(1) Usant toujours de son droit comme poëte, Chapelain fait directement intervenir Bedford en toute circonstance, et personnifie en lui l'Angleterre, dans la lutte engagée. C'est à ce titre que, dans la *Pucelle*, Bedford se retrouve à la tête de l'armée anglaise au siège d'Orléans, alors qu'il était retenu, à Paris, par les soins de la Régence. Il eut, il est vrai, l'intention de rejoindre ses troupes, mais la marche rapide des événements ne lui permit pas de réaliser ce projet.

CHANT SECOND.

Ils brûlent de marcher, et du retardement,
Escadrons, bataillons, murmurent hautement.

De l'arbitre des jours la lumière éclatante,
Au dos des moissonneurs, n'était plus si cuisante;
Des monts et des forêts l'ombre s'agrandissait,
Et, des champs altérés, la soif amoindrissait.
　On aperçoit alors, le long du bord humide,
Accourir un guerrier, d'une course rapide,
Chacun le reconnaît pour le fort Godefroi.
D'Orléans craint la perte et se glace d'effroi.
De tant de braves chefs qu'enfermaient ses murailles,
Godefroi n'eut d'égal que le fameux Xaintrailles,
De ses superbes tours fut le second appui
Et vit le grand Dunois seul au-dessus de lui (1).
　Charles, ainsi que tous, et le voit, et s'étonne,
Son esprit s'en émeut, et son corps en frissonne;

---

(1) On verra plus loin le même Godefroi commander les milices du Poitou, dans une revue de l'armée de Charles VII. C'était donc un gentilhomme de cette région ; peut-être un Lusignan. Quoi qu'il en soit, l'honneur que lui fait Chapelain de le placer au même rang que Poton de Xaintrailles et de n'admettre que Dunois au-dessus de lui, ne saurait revenir qu'au célèbre La Hire (Etienne de Vignolles) dont le rôle est presque effacé dans le poëme.

La Hire et Poton de Xaintrailles, — gascons tous les deux, et tous les deux étroitement liés, — après avoir débuté comme chefs de bandes, arrivèrent rapidement à la plus haute célébrité comme capitaines. Leur mémoire est restée populaire ; leur audace et leur bravoure tiennent de la légende : « Mon Dieu, disait le premier en allant au combat, je te prie que tu fasses aujourd'hui pour La Hire autant que tu voudrais que La Hire fit pour toi, s'il était Dieu et que tu fus La Hire. »

Xaintrailles devint maréchal de France.

Cette hâte le trouble, il n'en peut bien juger,
Et doute qu'Orléans n'ait reçu l'étranger.
Plus le guerrier est près, plus vite est sa carrière,
Plus s'élève sous lui l'ondoyante poussière;
Mais, joignant le monarque, il arrête son cours,
Se prosterne à ses pieds, et lui tient ce discours :
— Jusqu'ici ton Dunois, par sa valeur divine,
A de tes boulevards suspendu la ruine,
Et Bedford jusqu'ici, malgré tous ses efforts,
A les vouloir forcer n'a gagné que des morts.
Pour les mettre à couvert d'un indigne servage,
Il ne manque à Dunois, ni vigueur, ni courage,
Le pain lui manque seul, et sans l'horrible faim,
Tout le pouvoir anglais les presserait en vain.
Mais si ce monstre affreux le contraint de les rendre,
Il a les flambeaux prêts, pour les réduire en cendre,
Pour les sauver ainsi de la captivité,
Si le joug autrement ne peut être évité.
Tes murs n'éprouveront la rigueur de son zèle,
Que pour n'éprouver pas la rigueur du rebelle;
Par moi, de son projet il te fait avertir;
Je lui dois ta réponse, et l'attends pour partir.
   Le monarque l'embrasse, et le levant de terre,
— Si ton roi, lui dit-il, fait encore la guerre,
S'il se peut dire encor maître de ses Etats,
Après le grand Dunois, il le doit à ton bras.
Je n'ai pas ignoré sa tragique pensée,
Je sais de quels malheurs ma ville est menacée,

CHANT SECOND.

Et pour les assister dans leurs pressants besoins,
Tu peux voir, sur ces bords, les effets de mes soins.
Mais un autre secours leur rendra la franchise,
Un secours, dont l'effort toute force méprise ;
Un ange valeureux, qui du ciel envoyé,
Pour foudroyer l'Anglais, a le bras déployé.

En achevant ce mot, il montre la Pucelle,
Dont, en ce même instant, le regard étincelle ;
L'Esprit saint la saisit, et son cœur embrasant,
Rend son air plus auguste, et son front plus luisant.
Sa vue un temps est fixe ; il se fait un silence
Qu'elle rompt tout à coup avec véhémence,
Adresse sa parole au monarque « François »,
Et ne fait pas entendre une mortelle voix.
— Crains Dieu, prince, dit-elle, et l'invoque à ton aide,
C'est lui, qui de tous maux est l'unique remède,
C'est lui, qui, dans l'état le plus désespéré,
Peut seul donner aux siens le salut désiré.
Son bras de plus en plus te devient nécessaire,
Si grands sont les apprêts de ton grand adversaire,
Si nombreux les secours, que, pour mieux t'accabler,
Il fait, de mille lieux, en un seul assembler.
Rouen, Beauvais, Châlons, Reims, Sens, Chartres, Auxerre,
Se vident pour remplir le camp de l'Angleterre ;
Meaux pour lui se déserte, et de ses étendards
Paris même pour lui désarme ses remparts.
D'hommes et de chevaux la campagne fourmille ;
Je découvre leur fer, qui flamboie et qui brille ;

J'ois de leurs cris tonnants retentir les éclats,
Et je vois le terrain se cacher sous leurs pas.
N'en crois pas toutefois leur perte moins certaine,
Leur nombre sera vain, leur force sera vaine,
Ils céderont au ciel, dont le juste courroux,
Par ses traits enflammés, les va ranger sous nous.
  Là se calme, et finit le transport de la Sainte ;
A l'ouïr, à la voir, tous frémissent de crainte ;
Tous sont émerveillés d'un regard si perçant,
A qui rien n'est futur, à qui rien n'est absent.
Tous s'étonnent d'entendre une voix si savante,
Qui des lieux éloignés parle comme présente,
Godefroi, plus que tous, en est épouvanté,
Et ne la croit pas moins qu'une divinité.

  Tandis que le long jour ainsi coule et se passe,
De tous les environs, un convoi se ramasse,
Pour l'aller recueillir en cent endroits divers,
Les chemins sont, partout, de charrettes couverts.
Mille officiers choisis, à bandes séparées,
S'en vont porter la guerre aux dépouilles serrées,
Forcent, d'un choc aisé, les granges d'alentour,
Se chargent de leur proie et hâtent leur retour.
  Ainsi, durant l'été, les fourmis prévoyantes
Vont par mille sentiers, à files ondoyantes,
D'un courage brûlant au pillage du grain,
Qui doit, pendant l'hiver, les sauver de la faim.

CHANT SECOND.

Cette noire milice, entre les molles herbes,
Passe aux ardents sillons, y saccage les gerbes,
En retourne chargée et va d'un pas léger
Dans les greniers communs son pillage loger.
   Trente larges bateaux attachés au rivage,
Tous équipés de voile et garnis de cordage,
Au monarque des lis semblaient offrir leur sein,
Pour lui faire, sans peine, accomplir son dessein.
A l'envi, sans tarder, les troupes assemblées
Tirent les sacs pesants des charrettes comblées;
On marche, à dos courbé, vers les amples vaisseaux,
Et chacun, tour à tour, y jette ses fardeaux.
L'un va, l'autre revient, et la rive en est pleine;
L'espoir d'un bon succès les tient tous en haleine;
Le travail est bouillant et l'ouvrage pressé
Finit presqu'aussitôt qu'on l'a vu commencé.
   Les ténèbres enfin ramènent le silence;
Tout succombe au sommeil, tout sent sa violence,
La Sainte, moins que tous, lui soumettant ses yeux,
S'éveille avant l'aurore et révère les cieux.
Aux premiers rais du jour sa retraite elle quitte;
Charles quitte la sienne et les troupes visite,
Y trouve la guerrière, et du prompt armement
Défère à sa vertu le plein commandement.
Au fort du noble soin qui la tient occupée,
Arrive de Fierbois la foudroyante épée;
Châteauroux s'agenouille, en la lui présentant,
Et son bras, quoique fort, est faible en la portant,

L'acier large et massif de la fatale lame,
Au travers du fourreau fait reluire sa flamme,
Et son feu, que le temps ne saurait amortir,
Dévore sa prison et tâche d'en sortir.
— J'ai vu, dit le guerrier, cet antre vénérable,
Qui conservait l'épée aux tyrans formidable,
Et mon zèle brûlant, de bonheur assisté,
A comme tu le vois, ton ordre exécuté.
J'arrive, au second jour, à la forêt obscure,
Où je devais tenter cette sainte aventure,
Et, dès en l'abordant, je pâlis et je vois
Que ce n'est pas à tort qu'on la nomme Fierbois.
J'en perce l'ombre affreuse et je trouve en son centre
Le vieux temple qui couvre et renferme cet antre ;
Je me le fais ouvrir et rempli de terreur
M'engage, pas à pas, en sa dévote horreur,
Je descend jusqu'au fond de cette sainte grotte,
Dont j'éprouve l'horreur encore plus dévote,
Et demande soudain le coutelas sacré ;
Mais ce que je demande est de tous ignoré...
Nul, en ce lieu de paix, n'a jamais vu d'épée ;
Je ne puis cependant croire ma foi trompée,
Ni me persuader que ce fer glorieux
Soit une illusion de la fille des cieux.
Mon cœur triste s'adresse à l'Arbitre du monde,
Afin qu'il l'illumine en cette nuit profonde ;
Par mes cris, par mes pleurs, j'implore son secours,
Et sans fruit, en priant, je consomme trois jours...

CHANT SECOND.

Le ciel semble d'airain, semble sourd à ma plainte,
Et laisse à mon esprit moins d'espoir que de crainte,
Lorsqu'un bruit de clairons, par la voûte épandu,
Avec frémissement est de nous entendu.
Au pied du saint autel humblement je m'abaisse,
J'embrasse le terrain, des lèvres je le presse,
Et demande au Très-Haut, d'une plaintive voix,
Le grand fer qu'il réserve à détruire « l'Anglois ».
Succès miraculeux ! au moment que j'achève,
Je sens que le terrain sous ma bouche s'élève,
Je le vois qui s'entr'ouvre, et qui, dans mille feux,
Expose à mes regards le sujet de mes vœux.
Je rends grâce au ciel d'une faveur si rare,
Et ravis ce trésor à cette grotte avare,
Puis repars, sans tarder, et reviens sur mes pas,
De cette ardente épée armer ton puissant bras.
 La Sainte prend le fer, par la superbe garde,
Et vers le firmament d'un œil ferme regarde,
Haussant la main robuste à qui l'acier luisant,
Malgré sa pesanteur, ne paraît point pesant (1).
 — Seigneur, dit-elle alors, si ta simple bergère
N'est point trop au-dessous d'un si haut ministère,

---

(1) Cette épée était marquée de cinq croix et se trouvait en assez mauvais état, quand, sur l'indication de Jeanne, on la découvrit. Le fourreau en était entièrement usé; on en fit faire deux pour le remplacer, l'un en drap d'or, l'autre en velours. L'héroïne en commanda un troisième en cuir pour porter usuellement. Cette épée était-elle, en réalité, celle dont Charles-Martel se servit pour exterminer les Sarrazins? Le fait n'est nullement établi; dans tous les cas, cette origine était une aubaine dont tout poète, à l'égal de Chapelain, n'eût pas manqué de profiter.

Veuille l'accompagner de force et de bonheur,
Et rends ses actions dignes de ton honneur.
Fais croire à son envoi par d'illustres miracles,
Fais céder à ses coups les plus fermes obstacles,
Et par ce coutelas où reluit ton secours,
Fais que son roi prospère et triomphe toujours.
A la fin de ces mots, on entend sur sa tête,
Murmurer sourdement une douce tempête,
On voit fendre la nue, et d'un foudre innocent,
Tomber sur elle à plomb le trait resplendissant.
Du prodige nouveau la forme surprenante,
Epouvante les chefs, les soldats épouvante ;
Mais elle, qui de Dieu conçoit les volontés,
Par ce nouveau signal, croit ses vœux écoutés.
Elle se sent, par lui, redoubler le courage,
Et d'un rouge embrasé s'allumant le visage,
Le front plein de lumière et les yeux flamboyants,
Parle aux guerriers émus, en ces mots foudroyants :
— Jugez mieux, compagnons, de ce signe céleste,
C'est l'ordre du Très-Haut, aux ennemis funeste,
Qui veut que notre bras lui serve d'instrument,
Pour les précipiter au creux du monument.
Des cruels étrangers le renfort innombrable,
Vers le mur assailli, va d'un cours formidable,
Et leur barbare chef, sur nos faibles remparts,
Croit bientôt arborer ses heureux étendards.
  Elle voulait ensuite annoncer leur défaite,
Quand, poudreux et suant, arrive son trompette,

CHANT SECOND.

Et lui dit : — Les tyrans du message offensés,
Nous ont du feu tous deux lâchement menacés.
Ils ont fait de ta lettre une indigne risée,
Ils ont de tes avis la faveur méprisée,
Et contre ton honneur et contre ta raison,
N'ont versé qu'amertume et vomi que poison (1).
N'attends des inhumains qu'une inhumaine guerre,
Et par ton seul courage affranchis notre terre.
— La Sainte alors reprend : — Puisqu'il le veut ainsi,
Périsse en son orgueil le rebelle endurci.
Que l'Anglais insolent, pour sa perte incrédule,
Juge mon entreprise, et vaine, et ridicule,
Et pense que le ciel, pour lui donner la mort,
Eût eu besoin d'un bras plus adroit et plus fort ;
Il verra que souvent l'ineffable sagesse
Prend pour les grands effets la plus grande faiblesse,
Et qu'un bras à houlette, une seconde fois (2),
Aura mis, par son ordre, un géant aux abois.
Allons du dieu jaloux faire voir la puissance,
Allons exécuter sa fatale ordonnance,
Allons justifier notre céleste envoi,
Que tardons-nous, soldats ? allons, secondez-moi !

---

(1) La lettre de Jeanne avait, en effet, reçu très mauvais accueil, aussi bien que celui qui la portait. Les Anglais proférèrent les injures les plus grossières à l'adresse de l'héroïne. Ils l'appelèrent Ribaude, Vachère et pis encore ; en même temps, ils menacèrent de la faire brûler si jamais elle tombait en leurs mains. « Ils prirent le hérault, dit un chroniqueur, et jurèrent qu'il serait « ars » et firent faire l'attache pour le ardoir. » La crainte des représailles les fit renoncer à ce projet.

(2) Allusion à sainte Geneviève.

Comme un noble coursier, qui, sous un chef de guerre,
Au front des bataillons, gratte des pieds la terre,
N'entend pas le signal, qu'il va fougueux et prompt,
Et veut se faire jour dans l'opposite front.
Ainsi Charles s'échauffe, à cette voix ardente,
Et le premier de tous pour marcher se présente ;
Mais il voit, par la Fille, arrêter son dessein,
Et modérer le feu qui brûle dans son sein.
 — Non, dit-elle, grand prince, une chaleur si belle
Doit mieux se ménager, pour vaincre le rebelle ;
Tu te rendrais moins fort, tes forces conduisant ;
L'Anglais te craindra plus éloigné que présent.
Il faut que, par ce camp, sa fureur réprimée
Appréhende le choc d'une nouvelle armée,
Et, qu'ayant reconnu le changement du sort,
Ton absence le trouble, autant que notre effort.
La juste ambition de ton cœur magnanime
Demande des objets d'une plus haute estime ;
Ton Paris qui gémit sous un joug odieux,
Peut seul rendre assez bien ton bras victorieux.
Parais à la campagne, et recueille, sans peine,
Tous ceux qu'à ton parti la fortune ramène ;
Assemble un autre camp, digne du nom « François » ;
Pour ce coup, par nos mains, tu combattras « l'Anglois »,
   Charles reçoit cet ordre, et n'ose contredire ;
De douleur toutefois hautement il soupire,
Voit partir ses drapeaux d'un regard de courroux,
Et du moindre soldat se témoigne jaloux.

CHANT SECOND.

Après avoir des cieux imploré l'assistance,
La Sainte prend la tête, et marche en diligence (1);
Tous marchent sur ces pas, et d'un rapide cours,
Aux boulevards pressés vont porter le secours.
L'œil du monde sur eux ramasse sa lumière,
Et de son plus bel or, peint leur noble carrière;
Ils brillent sans brûler, et, couverts de splendeur,
De ces feux éclatants n'éprouvent point l'ardeur.
D'un essaim de zéphyrs la fraîche et douce haleine,
D'entre les monts voisins se coule sur la plaine,
Tempère du soleil les rayons enflammés,
Et d'un souffle odorant tient les airs parfumés.
La marche est de six jours, et la septième aurore
Du sein de l'Océan se voit à peine éclore,
Que le secours arrive, à pas précipité,
Où d'un tertre éminent, il peut voir la cité (2).

---

(1) Jeanne partit de Blois, pour se rendre à Orléans, le 28 avril, avec le maréchal de Boussac (Saint-Sevère), Gilles de Laval, plus tard maréchal de Raïs, Poton de Saintrailles, La Hire et plusieurs autres chefs. L'effectif des troupes s'élevait à plusieurs milliers d'hommes; — on n'est pas d'accord sur le chiffre. Un convoi de vivres, pour le ravitaillement de la place assiégée, faisait partie de l'expédition.

Jeanne avait avec elle les gens qui composaient sa maison militaire, officiellement instituée. Les deux premiers guides de l'héroïne, Jean de Metz et Bertrand de Poulangy, avaient été maintenus en sa compagnie. On leur avait adjoint Jean d'Aulon, écuyer, et frère Pasquerel, aumônier. Deux pages et deux hérauts d'armes formaient le complément.

On s'étonnera peut-être de voir figurer ici le fameux Gilles de Laval. Il est vrai qu'il n'était pas encore le sinistre personnage qu'il devint. On se rappelle, sans doute, qu'il fut pendu et brûlé à Nantes, le 25 octobre 1440, en expiation de sa folie sanguinaire et de son monstrueux satanisme.

(2) La marche ne se prolongea pas six jours, comme le dit le poème. Le *Journal du Siège* et la *Chronique de la Pucelle* affirment

Là, montrant de la main, et l'Anglais, et la place,
D'un ton qui, bien que ferme, a pourtant de la grâce,
La Fille dit aux siens : Vous voyez ces remparts,
De bataillons sans nombre, enceints de toutes parts ;
Vous voyez cette ville, en force sans égale,
Réduite désormais à sa chute fatale,
Et vous voyez conduits au dernier de leurs jours,
Les vaillants protecteurs de ses fidèles tours.
Elle a neuf mois en vain disputé sa franchise,
Sans remède, à ce coup elle se juge prise,
Et son peuple abattu n'attend, à tout moment,
Que la rigueur des fers, ou que l'embrasement.
Dunois, Dunois lui-même, après tant de batailles,
Ne peut plus soutenir ces tremblantes murailles,
Et voit Bedford tout près de les assujettir,
Et songe à les brûler, plus qu'à les garantir.
Mais, dans ce désespoir, la sage Providence
Vient, par nous maintenant, embrasser leur défense,
Vient, dans ce grand péril, leur servir de soutien,
Et montrer en vos bras la puissance du sien.
Quelle gloire ! ô guerriers, quel heur, quel avantage,
De pouvoir à ces murs épargner le servage,
De pouvoir à Dunois rendre la liberté,
A la France l'honneur, au roi la Royauté !
Des monstres infernaux brisant tous les obstacles,
Dieu par vos seules mains produira ces miracles,

---

que l'arrivée à Orléans eut lieu le 29 et qu'on n'avait passé qu'une nuit en route.

CHANT SECOND.

Et le monde étonné verra bientôt soumis
A votre illustre joug ce monde d'ennemis.
Profitez donc du bien que le ciel vous apprête,
Venez faire éclater sa divine tempête,
Venez, par le milieu des escadrons épais,
Porter, dans ces remparts, la victoire et la paix.
Je vous y vais tracer un passage bien ample,
Suivez-moi seulement, imitez mon exemple,
Je ne veux aujourd'hui, pour détruire « l'Anglois »,
Sinon qu'à mes efforts vous joigniez vos exploits.

   A ces mots, tous les siens, d'une voix éclatante,
Témoignent pour la suivre une chaleur ardente;
Elle part enflammée, et, comme un tourbillon,
Conduit aux boulevards son volant bataillon (1).

   Bedfort, qui, dans Rouvray, du salut de la France,
Avait vu, par l'Anglais, enterrer l'espérance,
Vers les champs désormais ne craignant plus d'assauts,
Contre la ville seule élevait ses travaux.
Mais au premier avis de la nouvelle troupe,
Qui brillait sur le tertre, et couronnait sa croupe,
Il sait qu'une brigade avance, pour savoir,
Qu'elle elle est, qui l'amène, et quel est son pouvoir.

---

(1) Un chantre d'épopée a toujours hâte de livrer bataille. La charge formidable qui, dans le poëme, signale l'arrivée de Jeanne à Orléans, n'est pas précisément historique. L'entrée de l'héroïne dans la ville assiégée n'eut à subir que des difficultés d'ordre secondaire. Les Anglais, sans qu'on pût s'en expliquer la cause, ne s'y opposèrent pas. Les Français, enhardis, assaillirent la bastille de Saint-Loup, et prirent une bannière. La ville étant secourue, la lutte allait changer de face.

La Sainte, qui descend, d'une sainte furie,
En commençant sa course, à haute voix s'écrie :
— C'est la Pucelle, Anglais! vos crimes infinis
Par son tranchant acier enfin seront punis!
Et chargeant les soldats, qui pliaient devant elle,
Donne, au seul qui résiste, une atteinte mortelle,
Et dit : — Je te présente, ô Monarque éternel,
Les prémices du sang de l'Anglais criminel (1).
— Tu fus, brave Clifford, la première victime,
Qu'offrit au Tout-Puissant la Fille magnanime,
Et mourus consolé, d'avoir vu, par son bras,
Du premier de ses coups honorer ton trépas.
Par-dessus le vaincu dans le gros elle passe,
De la voix l'épouvante, et du fer le terrasse ;
Le Français suit ses pas, seconde ses efforts
Et sème les guérets de blessés et de morts.
L'escadron tout entier succède en la mêlée,
Et tâche à rassurer la brigade ébranlée ;

---

(1) M. H. Wallon, dont l'autorité est éminemment recommandable, affirme que Jeanne *ne tua jamais personne*. « Pour ne pas s'y exposer dans la bataille, dit cet historien, elle abordait l'ennemi l'étendard à la main. » Aussi respectable qu'elle soit, cette assertion est néanmoins controversable, surtout dès qu'il s'agit d'une époque où l'on se battait, le plus souvent, corps à corps, et où l'avantage de la lutte dépendait des coups qu'on avait échangés. Toujours la première à l'assaut, toujours portée au plus gros de la mêlée, il est évident que la *Pucelle* avait à se défendre tout comme ses soldats ; or, comment se serait-elle défendue si elle n'avait fait usage des armes au maniement desquelles, en ses jours d'épreuve, elle avait acquis une remarquable expérience ? Quoi qu'il en soit, le *platonisme* qu'on lui prête ne convenait en rien à l'épopée et l'on doit savoir gré à Chapelain de ce qu'il nous montre sa « guerrière » frappant d'estoc et de taille, aussi bien que Dunois, La Hire et Xaintailles pouvaient le faire à ses côtés.

CHANT SECOND.

Le bras de la guerrière y fait le même effet,
Et, presque au même instant, l'attaque et le défait.
   Aux bruissants éclats de cette main tonnante,
L'audacieux Bedford sort du fond de sa tente,
Voit son mal, s'en afflige, et son âpre douleur
Réveille en son esprit la dormante valeur.
A la céleste main, sa fureur enflammée
Oppose tout le corps de son immense armée,
Et va de toutes parts, d'un cours ardent et prompt,
L'exhorter, à grands cris, à venger son affront.
   — Voyez, dit-il, Anglais, quel est votre adversaire ;
Il n'est pas courageux, il n'est que téméraire,
Ennuyé de la vie il cherche à la finir,
Et méprise la mort afin de l'obtenir.
Contre un si petit corps, votre vaste puissance
N'aura besoin d'user que de peu de vaillance,
Que sous vous donc, amis, il rende les abois,
Et connaisse, en mourant, que vous êtes « Anglois » !
   L'assiégeant innombrable, à cette voix ardente,
Sur une longue ligne au Français se présente ;
La Sainte qui poursuit son cours victorieux,
Reluit, en l'abordant, et du fer et des yeux.
Ses yeux, sources de flamme, à travers la visière,
Jettent aux ennemis une affreuse lumière ;
Ils n'en peuvent souffrir l'épouvantable éclat :
Son regard les aveugle, et son fer les abat.
Il n'est acier si fort qui ses forces arrête ;
Tandis que d'un revers il voit frapper sa tête,

Morgan d'un avant-main se sent trancher le bras,
Et Grey d'un coup de pointe endure le trépas (1).
Deux illustres jumeaux, Windesore et Cecile,
S'unissent à sa perte et l'espèrent facile,
Ils l'attaquent ensemble, et chacun, de son dard,
Avec un même effort, tire vers même part;
Mais leurs efforts sont vains contre la forte Sainte;
Chacun d'eux reçoit d'elle une semblable atteinte;
Ils naquirent tous deux sous un semblable sort,
Ils moururent tous deux d'une semblable mort.
L'impitoyable fer, d'un mouvement rapide,
Tombe à chaque moment, et toujours homicide;
Autour d'elle partout le sang coule en ruisseaux,
Et de corps abattus s'élèvent des monceaux.
   Ses soldats, animés par sa valeur divine,
Sur le même ennemi, font la même ruine;
Leur faiblesse est vaillante, et l'Anglais si puissant
Succombe sous l'effort de leur bras languissant.
Sous le petit Rambert, le grand corps de Norgale,
Parmi son sang fumeux, sa dure vie exhale;
Par le vieillard Rimbaud Seymour est transpercé,
Et Ralègue abattu par le jeune Lussé.

---

(1) Lord Grey était un des plus nobles bannerets d'Angleterre. Certains historiens le font à tort mourir d'un coup de couleuvrine, que lui aurait tiré maître Jean de Monteclère, le fameux canonnier lorrain qui, à l'aide d'un chariot léger, transportait son arme aux postes avancés et de là s'attachait à atteindre tous les chefs ennemis qui s'offraient à sa vue. Maître Jean était très redouté des Anglais et il leur fit beaucoup de mal. C'est lui qui tua Lancelot Delisle, major général de l'armée assiégeante.

CHANT SECOND.

Gontaud à Forbisher fait perdre la lumière,
A Glocester Foras, à Draque Lutumière,
Anderson, Walsingame, Excester, Cumberland,
Souffrent par d'autres mains un trépas violent.
 Rodolphe, de sa sœur secondant le courage,
Dans ce sanglant métier, fait son apprentissage ;
Mais son foudre guerrier, bien que neuf aux combats,
N'étonne pas l'Anglais par de communs éclats.
De la fille héroïque imitateur fidéle,
Il n'est, en beaux efforts, surpassé que par elle,
Et contre les Anglais, après elle, entre tous,
S'acquiert, en combattant, l'honneur des premiers coups.
 Alors du camp nombreux les orgueilleuses ailes
Marchent l'une vers l'autre et se joignent entre elles ;
L'invincible secours en est enveloppé,
Et partout, contre lui, leur bras est occupé.
De lances en arrêt et de piques baissées,
Il voit, de toutes parts, ses brigades pressées,
Il voit fondre sur lui des nuages de traits,
Et voit voler la mort, et de loin, et de près.
Mais contre tant d'assauts gardant son ordonnance,
Il fait, de tous côtés, égale résistance,
Pousse même l'Anglais, et de soi l'écartant
Poursuit toujours sa marche, intrépide et constant.
 Ainsi quand sous un toit, qui brûle et qui pétille,
Un père entend les cris de sa chère famille,
Et que, pour l'en tirer, son tendre sentiment
L'expose à la merci du rouge embrasement ;

Bien que du feu cruel l'horrible violence
Vers lui, deçà, delà, mille flammes élance,
La peur de cette perte est si forte en son cœur,
Qu'au travers du feu même il peut aller sans peur.
 Mais d'un cercle ennemi, la Sainte environnée
Allait voir, en ce lieu, finir sa destinée :
Aux cieux, en ce péril, elle lève les yeux ;
Son regard parle, prie et pénètre les cieux...

 Vers la maison céleste, où la Vierge réside,
Un antre étincelant s'élève en pyramide,
En qui de tous les feux est le feu le plus chaud,
Et qui sert d'arsenal aux armes du Très-Haut.
Là se gardent les traits, les lances et les piques,
Par qui furent vainqueurs les esprits angéliques,
Lorsque l'esprit d'orgueil, sur l'aquilon monté,
Disputa le saint trône à la divinité ;
Là de pur diamant sont les massives bondes,
Dont les mers, de là-haut, sentent brider leurs ondes,
Et qui, pour engloutir la race des pervers,
Leur firent, en s'ouvrant, submerger l'univers (1) ;
Là roulent, à grand bruit, les tourbillons de flammes,
Dont l'ardeur consuma tant de villes infâmes (2),

---

(1) Souvenir du déluge.
(2) Sodome et Gomorrhe.

CHANT SECOND.

Et, vengeant le mépris des lois de l'Éternel,
Brûla les messagers d'un prince criminel ;
Là resplendit encore cette ondoyante épée,
Que dans un lac de sang Solime vit trempée,
Quand, au peuple d'Assur, l'ange exterminateur
Fit de ses coups mortels sentir la pesanteur (1).
On voit là les fléaux : Guerre, Peste, Famine,
Instruments plus communs de la fureur divine,
Dont le choix nécessaire, au berger couronné (2),
Pour expier son crime, autrefois fut donné.
On y voit les trois dards, si connus de la terre,
Sous les trois noms d'Éclair, de Foudre et de Tonnerre,
Par qui Dieu, dans son ire, avec ses propres mains,
Ou menace, ou punit les forfaits des humains.
Enfin là pend l'écu que la chrétienne France (3)
Eut jadis pour enseigne ainsi que pour défense,
Et mille autres encor, tous de forme pareils,
Tous brillants à l'envi, comme autant de soleils.

A mille anges guerriers le Seigneur les fait prendre,
Et par eux de Bedford veut la Sainte défendre ;
Des anges partagés, deux invisibles rangs,
D'un vol impétueux viennent couvrir ses flancs.

De ces fiers boucliers la solide muraille
Soutient, sans nul effort, l'effort de la bataille ;

---

(1) Saint Michel.
(2) David.
(3) A trois fleurs de lis.

Cent traits, contre chacun, sont en vain décochés,
Et tombent sur-le-champ rompus ou rebouchés.
Du milieu des pavois une lueur ardente
Sort, en serpents de feu, par les airs ondoyante;
Les airs sentent sa force, et l'Anglais qu'elle atteint,
Plus que les autres dards, et la sent, et la craint.
Il meurt peu de Français, sous cette âpre tempête;
Mais un terrible obstacle à tous coups les arrête.
Culan (1) et Godefroi, par leurs généreux cris,
A passer, ou mourir, confirment leurs esprits.
Bien que, de tous côtés, la mort les environne,
Que leur fer, sous le fer, de toutes parts résonne,
En tous lieux ils font tête, et demeurent debout;
La fille seule attaque, et se fait jour partout.

C'est ainsi qu'un torrent d'une chute subite,
Du sommet des rochers en bas se précipite,
Roule par les vallons, et d'un cours furieux
S'ouvre dans la campagne un chemin glorieux.

Bedford de ses soldats voit le triste carnage,
En pleure de colère, en écume de rage,
Perd, d'instant en instant, l'espoir de s'en venger,
Et ne peut sa douleur sans vengeance alléger.
— Infortuné, dit-il, quel gouffre si funeste
A vomi contre moi cette infernale peste?

---

(1) Louis de Culan, seigneur de Saint-Amand et de la Creste, bailli de Melun et amiral de France. Il avait subi une longue captivité en Orient: un des capitaines qui aidèrent le plus à chasser les Anglais de France.

CHANT SECOND.

Quel astre si malin, quel sort si malfaisant
Ont mis ma gloire en proie à ce feu détruisant?
Renforce-toi, ma main, renforce-toi, mon âme,
Étouffons cette peste, éteignons cette flamme;
Dans le sang des Français, lavons l'indigne affront,
Dont une honteuse audace obscurcit notre front!
  De ses vaillants drapeaux il ramasse l'élite,
Et contre la guerrière à haute voix l'excite;
Tout l'effort du combat autour d'elle est réduit,
Mais plus l'obstacle est grand, plus sa vertu reluit.
Où pleuvent plus de morts, là d'une ardeur plus forte,
Son indomptable cœur rapidement la porte,
Elle charge, elle entr'ouvre, elle perce, elle rompt,
Et de corps vers la ville elle se forme un pont.
Des dards qui de cent lieux viennent fondre sur elle,
Sa cuirasse s'embrase et son casque étincelle,
Leurs flammes, d'un vrai feu, semblent toutes brûler,
Et toutes par élans aux ennemis voler.
  Mais le fier Bourguignon, que son sensible outrage (1)
Avait toujours rongé d'une secrète rage,
Et qui n'attendait plus qu'un propice moment,
Pour laisser le champ libre à son ressentiment;
Voyant l'occasion à ses vœux favorable,
Voyant du saint secours le succès admirable,

---

(1) Philippe *le Bon*, duc de Bourgogne, dont nous connaissons l'entrevue avec Bedford, son beau-frère, et le ressentiment qu'il en a gardé.

Voyant par le Français l'Anglais demi dompté,
Se résout d'accomplir ce qu'il a projeté.
Il entend une voix aussi claire que forte,
Dont le son vigoureux au partement l'exhorte,
Et la voix est l'esprit, qui, pour le même « Anglois »
A déjà, dans son sein, mis du trouble une fois.
— Il est temps, il est temps, lui dit la voix de l'ange,
Que du tort qu'on t'a fait ta sagesse te venge,
Il est temps de laisser ce barbare insolent,
Et de te décharger de son joug violent.
A quitter l'inhumain toute chose t'invite,
Tu le feras sans peine, et même avec mérite,
Rien ne peut désormais empêcher ton départ,
Au secours d'Orléans il te peut donner part.
En ne concourant plus à l'anglaise entreprise,
Tu lui conserveras sa première franchise,
Et par un trait si beau, rendant Charles vainqueur,
Tu calmeras pour toi le courroux de son cœur.
Heureux, dans le malheur que ta retraite cause,
Si tu peux de ton roi mériter quelque chose.
    Il fait, après ce mot, la trompette sonner,
Et, par les Bourguignons, l'Anglais abandonner.
Bedfort voyant ce corps qui du sien se détache,
S'en outrage le front, les cheveux s'en arrache,
En accuse les cieux, et contre eux blasphémant,
Marque son désespoir par son emportement.
Même horreur, même trouble, occupent son armée;
Elle craint de se voir entre deux renfermée,

CHANT SECOND.

Songe à son salut propre et, suspendant ses traits,
Laisse au vaillant secours finir sa marche en paix (1).

Dunois qui, sur les tours à périr condamnées,
Veillait pour reculer leurs dures destinées,
De loin vit le secours et le crut un renfort,
Pour l'innombrable camp de l'orgueilleux Bedfort.
Cet objet, ce penser, affermissent son âme,
Dans le projet affreux de mettre tout en flamme,
A le faire il s'excite, et d'avoir différé,
Son magnanime cœur se tient déshonoré.
— Qu'attendons-nous, dit-il, vertu peu résolue,
Pour aller à la mort que nous avons élue,
Et par quelle raison pouvons-nous désormais
Suspendre, en notre esprit, le plus beau de nos faits ?
O valeur trop timide ! ô désespoir trop sage !
Quoi ! même en la fureur nous manquons de courage,
Après le coup mortel, nous pensons à guérir,
Et nous songeons à vivre, en parlant de mourir !
De quoi saurions-nous plus flatter notre espérance ?
Nous croyons-nous encore en état de « défence » ?
L'Anglais est-il trop faible, et pour nous « terracer »
Faut-il qu'un nouveau camp le vienne renforcer ?

---

(1) Cette défection des troupes de Philippe est ingénieusement amenée, mais elle avait eu lieu déjà, quand Jeanne d'Arc se présenta devant Orléans. Philippe, à la suite de sa démarche restée infructueuse auprès de Bedfort, avait immédiatement retiré ses troupes. Leur effectif était de quinze cents hommes.

Et le voilà ce camp; que doit-on plus attendre?
Que Bedford soit celui qui nous réduise en cendre?
Non, il faut prévenir ses flambeaux inhumains,
Et finir nos malheurs avec nos propres mains!
    Mais, contre sa créance, ayant vu cette armée,
En faveur des remparts, au combat animée,
Et lui voyant produire, en ce choc périlleux,
Tant de nobles exploits, tant de faits merveilleux;
Son âme, tout à coup, d'allégresse remplie,
Ses déplaisirs étouffe, et ses peines oublie;
Il ne veut plus mourir et quitte le dessein,
Que l'horreur du servage avait mis dans son sein.
Il pense déjà voir de la ville éplorée
Par ces braves guerriers la franchise assurée,
Prétend part à leur gloire, et sort au même temps,
Entouré de soldats et suivi d'habitants.
    — Allons enfin, dit-il, après tant de souffrance,
Donner à nos travaux leur juste récompense;
Allons, et qu'aujourd'hui ce camp soit consumé
Du feu que pour nos toits nous avions allumé.
Allons et que chacun sa défense déploie;
Secourons le secours que le ciel nous envoie;
Joignons nos bras aux siens, et ne permettons pas
Que sa seule valeur nous sauve du trépas!
    Par les gués reconnus ils passent tous la Loire,
Et marchent dans l'espoir d'une prompte victoire;
Mais ils trouvent leur cours par l'Anglais traversé,
D'un haut retranchement et d'un large fossé.

CHANT SECOND.

Le fer en mille endroits brille sur la « terrace » :
On ne voit pourtant point ralentir leur audace ;
Tous montent d'un temps même et d'une même ardeur,
Et chacun du péril méprise la grandeur.
   A ce nouvel assaut, Bedford, rempli de trouble,
Partage sa pensée, et son souci redouble.
Il renforce ce lieu de chefs et de soldats,
Et commet sa défense au fameux Glacidas (1).
   Le Français et l'Anglais, d'une égale vaillance,
Attaque d'un côté, d'autre fait résistance,
L'un sur l'autre s'acharne, et le retranchement
Du sang de deux partis se teint également.
Nargonne, Bévilliers, Souillac et Chanterène,
De quatre coups divers, tombent morts sur l'arène ;
Stafford, Bulingan, Markenfeld et Howart,
De quatre coups divers, meurent sur le rempart.
Termes (2) et Westmorland, le bras haut, s'entremirent,
Tous deux, de même force, en même instant se tirent,
Et s'étant, l'un et l'autre, à la tête blessés,
L'un roule dans le camp, l'autre dans les fossés.
Mais le combat des chefs, plus qu'aucun est terrible,
Tous deux également ont le cœur invincible,

---

(1) Glasdale dit Glacidas, général anglais d'obscure origine, mais qui ne le cédait en habileté à aucun autre de sa nation. Il était animé d'une haine farouche contre les Français ; il la témoignait, en toute occasion, avec une grossièreté de langage indigne de son rang. C'est lui qui, le premier, appela Jeanne : « la p... des d'Armagnac », et qui jura de la faire « ardoir » si jamais elle lui venait aux mains.

(2) Gautier d'Armagnac, sire de Termes et bailli de Chartres.

Tous deux, d'un même effort, se dardent à la fois,
Dunois vers Glacidas, Glacidas vers Dunois.
L'assaillant, l'assailli, dans sa main redoutable,
Porte et montre, chacun, la mort inévitable,
Chacun craint et fait craindre, et nul ne peut juger,
Où la palme incertaine enfin se doit ranger.
　Mais lorsque la victoire est le plus en balance,
Un bruit la fait pencher du côté de la France;
Ce bruit vient du Français, qui, d'aise transporté,
S'est ouvert le passage aux murs de la cité.
Glacidas se retourne, et contre sa pensée,
Des bataillons anglais voit l'enceinte percée;
Il se trouve au milieu de deux foudres ardents,
De la Sainte au dehors, de Dunois, au dedans.
L'infortuné guerrier, contre ce double orage,
Vainement, dans son sein, recherche du courage;
Il s'étonne, et Dunois, redoublant son effort,
Le heurte, le renverse, et le laisse pour mort;
Puis va joindre, à grands pas, la glorieuse bande,
Qui vient d'exécuter une chose si grande,
Et court, loin devant tous, impatient de voir
Quels hommes, quels héros ont eu tant de pouvoir.
　Comme lorsque la lune, en la plaine étoilée,
A d'un sombre bandeau sa lumière voilée,
Et qu'un rouge sanglant, épandu dans ses yeux,
D'un aspect infernal a contristé les cieux;
Aussitôt que l'horreur qui lui couvre la face,
Après un long travail, se dissipe et s'efface,

Elle jette un éclat à nul autre pareil,
Et de ses rais fait honte aux rayons du soleil.
   Ainsi lorsque la fille, après tant de carnage,
Eut enfin découvert son céleste visage,
Elle brilla plus vive, et son front lumineux
Jeta plus de splendeur et lança plus de feux.
Pour respirer à l'aise, au bout de la carrière,
Elle avait, et fait halte, et levé la visière ;
Une vermeille flamme en son teint éclatait,
Et sur lui la sueur en perles dégouttait.
De ses cheveux épars les tresses vagabondes
Formaient, au gré du vent, mille mouvantes ondes,
De semblable rosée on les voyait mouillés,
Et d'obscure poussière illustrement souillés.
Ses plumes, à grands flots sur son dos épanchées,
Étaient de sang rebelle, en mille lieux, tachées,
Et de tout son harnais, l'or et l'argent brunis
Étaient, en mille lieux, du même sang ternis.
   Dunois à cet objet, aussi noble qu'étrange,
Ne croit pas voir un homme, et pense voir un ange ;
Soit aux traits de ses yeux, soit aux coups de sa main,
Ses sens émerveillés ne trouvent rien d'humain.
Il l'aborde, et lui dit, d'un ton grave et modeste :
   — Guerrier, qui que tu sois, mais sans doute céleste,
Dont l'ardente valeur, malgré l'arrêt du sort,
A garanti nos bras des chaînes de Bedford,
Par aucun sacrifice et par aucune offrande,
Ne pouvant reconnaître une faveur si grande,

Nous mettons à tes pieds la même liberté,
Que nous rend aujourd'hui ton courage indompté.
Ces héroïques mains, par tant d'exploits si braves,
En nous affranchissant, nous ont fait tes esclaves,
Comme tels nous rendrons ton triomphe plus beau,
Et porterons tes fers jusques dans le tombeau.
Nos hymnes à la terre apprendront ta victoire,
Plus haut que le soleil, élèveront ta gloire,
Et feront, que, partout, le zèle des mortels,
A l'honneur de ton nom dressera des autels.
 La Pucelle l'arrête, et d'une voix sévère :
 — Exalte moins, dit-elle, une simple bergère ;
Ton bonheur vient des cieux, et c'est d'eux, seulement,
Que ton humilité doit parler hautement.
Donne louange aux cieux, et non à ma bassesse,
Je n'agis point par moi, qui ne suis que faiblesse,
J'agis par l'Éternel ; c'est lui, par qui mon bras
Apporte aux uns la vie, aux autres le trépas.
Ne bénis que sa grâce à tes besoins propice,
N'offre qu'à ses bontés ton cœur en sacrifice,
Ne rends qu'à son pouvoir tes vœux reconnaissants,
Et pour son seul honneur réserve ton encens.

 De son trône d'azur la Majesté divine,
En cet auguste état contemplant l'héroïne,
D'une œillade parlante, où c'est ouïr que voir,
Au chef des séraphins expliqua son vouloir.

CHANT SECOND.

Dieu veut que, pour la fille, il remplisse de flammes
Tout ce que les Français ont de guerrières âmes,
Et, leur ôtant le goût de tout autre plaisir,
En sa seule vertu renferme leur désir.
Sur tous, au grand Dunois, qu'un autre feu maîtrise,
Il veut que, pour un temps, il rende la franchise,
Et qu'ensuite il allume, en son sein glorieux,
Un feu moins ordinaire et plus digne des cieux.
Dieu veut ce changement et ce nouveau servage,
Pour mieux à son saint but mener son saint ouvrage,
Et faire, qu'entre tous, le grand cœur de Dunois
S'applique, tout entier, au salut des « François ».
 L'Ange, qui n'est qu'ardeur, fond au milieu des armes,
Confirme la guerrière en ses antiques charmes,
Et dans tout son aspect et tous ses mouvements,
Met un nouveau trésor de saints enchantements.
De son modeste front, de sa douce paupière,
S'élance dans les cœurs une sainte lumière,
Un feu saint, un feu pur, qui tout autre chassant,
Pour elle seule y laisse un brasier innocent.
Tout le ciel y conspire, et fait briller en elle
Des rayons empruntés de la gloire éternelle,
Anime sa parole, et donne à ses accens
D'enchaîner les esprits, et d'asservir les sens.
A l'entendre, à la voir, il n'est point de courage,
Qui, d'un choix volontaire, en ses fers ne s'engage,
Et Dunois, plus que tous, à l'entendre, à la voir,
D'un volontaire choix, se met sous son pouvoir.

Cependant elle part, et va droit à la ville ;
La terreur de ses coups rend son chemin facile ;
A son bras désormais elle voit tout soumis,
Et désormais pour elle, il n'est plus d'ennemis.
L'Anglais ne la suit plus, et lui laissant la place,
Sent sa chaleur éteinte et convertie en glace ;
Il rentre dans ses forts, morne et découragé,
Et d'assiégeant qu'il fut, se change en assiégé.
Elle, sans s'arrêter, va vers le mur fidèle...
Le haut retranchement s'abaisse devant elle ;
Elle va triomphante, et Dunois, enchanté,
Accompagne ses pas, et marche à son côté.
Ils arrivent au fleuve, et sur le fleuve même,
Découvrent leurs bateaux en un péril extrême,
Par un vent orgueilleux vers le bas repoussés,
Et de bateaux anglais assaillis et pressés.
Ce malheur, plus que tous, inquiète la Sainte ;
En ce moment, son âme est capable de crainte,
Car, les grains se perdant, elle voit que la faim,
L'aura, pour ces remparts, fait travailler en vain.
— Grand Dieu, dit-elle alors, si ta bonté propice
A voulu d'Orléans être la protectrice ;
Si de toi, si des cieux, j'ai vanté mon envoi,
Sans avoir abusé, ni des cieux, ni de toi ;
Accorde à ma requête un visible miracle,
Affranchis nos vaisseaux de ce cruel obstacle,
Et que ce vent superbe, à leur cours opposé,
En faveur de ce mur soit soudain apaisé.

CHANT SECOND.

Elle achève ces mots, et les achève à peine,
Que le vent ennemi sent calmer son haleine (1),
Et qu'un contraire vent, par le ciel suscité,
Emporte le convoi vers la forte cité.
O merveille adorable! une foi vive et pure,
Seule, peut renverser les lois de la nature,
Peut faire violence à tous les éléments,
Et de tout l'univers changer les mouvements.
   De chacun des vaisseaux la voile rehaussée,
Par un souffle puissant, contre-mont est poussée,
Et, d'un rapide cours évitant mille dards,
Va surgir, sans dommage, au pied des boulevards.
   — Louange à toi, Seigneur, crie alors la Pucelle,
Qui joins à tes bontés cette bonté nouvelle,
Et qui si pleinement, par ce dernier effet,
Envers ce triste peuple accomplis ton bienfait!
   En parlant elle marche, et couverte de gloire,
Traverse lentement les ondes de la Loire,
Le mobile gravier s'affermit sous ses pas,
L'eau répand sous ses yeux de lumineux éclats.
Hors des murs secourus, sur le bord du rivage,
Le nombreux habitant, de tout sexe et tout âge,
La reçoit plein de joie et de ravissement,
Et fait voler son nom jusques au firmament.
Cent tambours résonnants, cent trompettes aiguës,
Se mêlent à leurs cris et pénètrent les nues;

---

(1) Le changement de vent qui permit aux bateaux de remonter la Loire pour aller chercher les vivres, est un fait historique.

De ce son, en tous lieux, confusément volé,
La terre semble émue et le ciel ébranlé.
Entre un monde infini, l'invincible guerrière
Fournit dans la cité son illustre carrière (1);
Elle y passe en triomphe, et son front glorieux
Sur lui, de toutes parts, attire tous les yeux.
Le chemin s'étrécit, et même enfin se bouche;
Bienheureux qui la voit, plus heureux qui la touche;
On la presse, et Dunois à peine, en s'efforçant,
Du peuple transporté contient le flot puissant.

De branchages feuillus on jonche son passage,
De fleurs sur son armet on répand un nuage,
On célèbre sa grâce, on bénit sa valeur,
Et sa vue en plaisir transforme la douleur.
Mais ni pour cet amour, ni pour cette louange,
Ne s'enfle sa vertu, sa pudeur ne se change,
Son regard immobile est aux cieux attaché,
Et d'aucun autre objet son esprit n'est touché.
Dunois, qui mieux que tous la fille considère,
Toujours, de plus en plus l'estime et la révère,

---

(1) « Elle entra dans Orléans à huit heures du soir, armée de toutes pièces et montée sur un cheval blanc. Elle s'avançait précédée de sa bannière, ayant Dunois à sa gauche. C'est en vain qu'on voulut tenir la foule éloignée : tous les habitants étaient accourus à sa rencontre, portant des torches et manifestant « une aussi grande joie que « s'ils avaient vu Dieu descendre parmi eux ». Jeanne, en effet, était pour eux comme l'ange du Dieu des armées. » (*Jeanne d'Arc*, par H. Wallon, t. I, p. 140.)

Le *Journal du Siège* fait dire aux Orléanais :

*Ung de nous en vault mieux que cent
Soubs l'estendard de la Pucelle.*

CHANT SECOND.

Et dans ses yeux de feu, son brasier allumant,
Toujours de plus en plus se connaît son amant.

   A lents et graves pas, la guerrière divine
En militaire pompe, au temple s'achemine,
Entre mille drapeaux, entre mille étendards,
Et dans un bois touffu de lances et de dards.
De si loin qu'elle voit la demeure sacrée,
Un saint contentement sa sainte âme récrée;
La selle elle abandonne, et par le lieu pressé,
S'avance l'œil modeste et le front abaissé.
D'un ordre alternatif, sous les larges portiques,
Un double chœur de voix entonne des cantiques,
Et de ces saints accords les sons harmonieux
Redoublent en son sein les mouvements pieux.
Elle entre, et de la foule en entrant est suivie;
Puis, comme dans les cieux, par son zèle ravie,
Humblement se prosterne au vénérable autel,
Et prononce ces mots, d'un ton plus que mortel :
—Grand Dieu, Dieu des combats, dont la toute-puissance
A réprimé le cours des malheurs de la France,
Nous te glorifions, dans l'admirable effet,
Qu'avec nos faibles mains ta seule Dextre a fait.
Ce mur, prêt à tomber sous le joug du rebelle,
Reconnaît son salut de ta grâce immortelle,
Et, rempli d'une sainte et dévote ferveur,
Exalte dans ses chants cette immense faveur.

Ce visible secours de ton bras adorable,
A jamais, ô Seigneur, lui sera mémorable,
Et ce bienheureux jour, à ses saints habitants,
Sera saint et sacré, jusqu'à la fin des temps.
Mais il ne suffit pas d'une seule victoire,
Pour remettre la France au comble de sa gloire ;
L'Anglais est trop puissant, pour succomber d'abord,
Pour terrasser ce monstre, il faut plus d'un effort.
Tant que l'usurpateur de ces belles provinces
Les pourra contester aux légitimes princes,
Tant qu'un sujet perfide y pourra commander,
Nous devons le combattre, et tu dois nous aider.
Paris, le grand Paris, le siége de l'empire,
Sous les lois du tyran, plus que jamais, soupire.
Finis donc, ô Seigneur, l'ouvrage commencé,
Par l'affranchissement de Paris oppressé.
A l'envi de son roi, son peuple et sa milice
Le viennent demander à ta sainte Justice,
Et, si de tout leur sang il doit être acheté,
Veulent de tout leur sang payer sa liberté !
   La Pucelle, à ces mots, fond en pleurs et s'arrête ;
Tous, par leurs vœux ardents, secondent sa requête,
Et, mêlant à leurs vœux leurs larmes et leurs voix,
Conjurent l'Éternel de détruire « l'Anglois ».
Alors un bruit semblable à celui du tonnerre,
Murmure sous le temple, et fait trembler la terre ;
Chacun en a d'horreur les cheveux hérissés,
Le cœur saisi de crainte et les esprits glacés.

L'autel, en même temps, sur la troupe guerrière,
Jette de tous côtés une vive lumière,
Un plus grand bruit s'élève, et dans ce nouveau bruit,
On entend prononcer : L'ANGLAIS SERA DÉTRUIT.
Et l'ange du Seigneur, embouchant sa trompette,
Confirme de l'Anglais la future défaite.
L'airain en resplendit au milieu d'un éclair,
Et le son par trois fois en éclate dans l'air.
A ce divin signal d'assauts et de batailles,
Tous sentent, jusqu'au fond, émouvoir leurs entrailles;
Tous brûlent de combattre, et pensent déjà voir
Le superbe étranger soumis à leur pouvoir.
Transportés d'une ardeur, qui tient de la furie:
— GUERRE ET MORT A « L'ANGLAIS » ! chacun alors s'écrie;
Et ce cri formidable, aux rangs les plus épais,
Retentit longuement : GUERRE ET MORT A L'ANGLAIS!

    La Sainte, contre lui, d'un saint zèle embrasée,
En jure la ruine et la promet aisée,
Ne pouvant, qu'avec peine, attendre au lendemain,
A lui faire éprouver sa foudroyante main.
Sur la tour elle monte, et de l'anglaise armée,
Ne voit pas, sans fureur, la campagne semée.
Contre elle elle s'ébranle et veut quitter la tour,
Puis remet sa défaite aux premiers feux du jour.
Le valeureux Dunois, qui la fille accompagne,
Comme elle, tout autour, découvrant la campagne :
    — Regardez, lui dit-il, le cercle de ces forts,
Et combien peu d'espace il laisse à nos dehors,

Ils renferment les champs, ils embrassent les îles ;
Les grands sont dix en nombre, et paraissent dix villes ;
De ceux qui sont petits le nombre est infini,
Et d'hommes et de traits chacun d'eux est muni.
Suffolk et Glacidas, à la gauche, commandent
A ceux qui vers le nord d'un long ordre s'étendent ;
Umford et Raveston commandent, en suivant,
Ceux que l'on voit régner du côté du Levant.
Sur tout ce rang d'après, que le Midi regarde,
Descales et Falstolf (1) veillent, et font leur garde,
Et Talbot (2) nous resserre et nous tient prisonniers,
Avec ceux que le jour éclaire les derniers.
Mais voyez, entre tous, s'élever les Tourelles,
Voyez ce grand quartier du grand chef des rebelles ;
Cette orgueilleuse masse était l'horrible écueil,
Qui, sans votre secours, nous eût mis au cercueil.

Dunois voulant poursuivre, et déclarer sa flamme,
Sent sa voix enchaînée au profond de son âme ;
Et la crainte en son sein, étouffant le désir,
Sa bouche, au lieu de voix, ne pousse qu'un soupir.

---

(1) Descales : Thomas lord Scales, connu, en France, depuis Cravant et Verneuil. — John Falstolf, lieutenant du roi d'Angleterre au siège d'Harfleur, chef de la maison militaire du duc de Bedfort.

(2) Jean, sire de Talbot, comte de Shrewsbury, surnommé l'*Achille* de l'Angleterre, et le plus chevaleresque d'entre les capitaines que cette nation, bien plus qu'aujourd'hui, comptait alors. Talbot fut fait maréchal de France en 1438, sans que la France eut jamais souscrit à cette élévation. Il fut tué en 1453, à la bataille de Castillon, la dernière journée de la guerre de Cent ans. Umford et Raveston — et non Ramesson — deux des principaux chefs anglais.

CHANT SECOND.

La Sainte lui répond, sans remarquer sa peine :
— Dans le second soleil cette captive plaine
Sera libre de forts, sera libre « d'Anglois »,
Par l'aide du Seigneur, et par vos grands exploits.
Le Ciel et votre bras lui rendront la franchise,
Et le mien aura part à la belle entreprise ;
Cependant, pour l'aurore, allez tout préparer.
   Et ces mots achevés, il la voit retirer.
Le char de la clarté, sous l'hémisphère passe,
Et la volante nuit vient occuper sa place ;
Alors, dans un lieu saint de vierges habité,
La sainte se dérobe aux yeux de la cité.
Dunois demeure seul, et, contre le barbare,
Actif et diligent toutes choses prépare,
D'échelles et d'écus fait un nombreux amas,
Et, pour l'assaut prochain, les divise aux soldats.
Puis, sur le tour des murs, il va faire sa ronde,
Ayant le cœur blessé d'une atteinte profonde,
Et nourrissant dès lors, avec étonnement,
Pour la sainte Pucelle, un saint embrasement.
Tant d'efforts de valeur, tant de traits de prudence,
Cette mâle beauté, cette auguste présence,
Et cet air de vertu, que respire sa voix,
L'ont d'abord asservi sous le joug de ses lois.
Il parait que les Cieux, par ces hautes merveilles,
Enchantant du guerrier les yeux et les oreilles,
De son antique ardeur blâment la fermeté,
Et l'obligent à faire une infidélité.

La Sainte désormais est toute sa pensée,
De tout son souvenir Marie est effacée (1),
Il change sa princesse, et ne saurait juger
Quel violent destin le force à la changer.
  — Par quel ordre, dit-il, par quel prodige étrange,
Ainsi dans un instant, puis-je courir au change ?
Quel caprice du sort, ainsi dans un instant,
Rend, malgré mon vouloir, mon esprit inconstant ?
Mais, ô belle Marie, une telle inconstance,
A sainement parler, n'est rien moins qu'une offense ;
Je sors de vos liens, sans haine et sans mépris,
Et sais que des beautés vous remportez le prix.
A vous, rien de mortel, n'est égal en mérite,
Aussi rien de mortel ne fait que je vous quitte ;
Ce qui m'arrache à vous mérite des autels,
Et peut prétendre place entre les immortels.
J'aime, ou plutôt j'adore une sainte guerrière,
Qui des cieux est venue, à mon heure dernière ;
Pardon, si je préfère à l'éclat de vos yeux,
Le beau feu que les siens ont apporté des cieux.
Mais quel est ce brasier qu'il excite en mon âme ?
L'oserais-je nommer une amoureuse flamme ?
Est-ce avoir de l'amour, que d'aimer sans dessein,
Et d'un ferme propos vouloir servir en vain ?
Pour ces célestes yeux, et ce front magnanime,
Je n'ai que du respect, je n'ai que de l'estime,

---

(1) Cette belle princesse, dame des pensées de Dunois jusqu'au jour où survient l'héroïne, va se retrouver dans l'action.

Je n'en souhaite rien, et, si j'en suis amant,
D'un amour sans désir, je le suis seulement.
De ce feu toutefois que me sert l'innocence ?
Si, tout sage qu'il est, il me fait violence ;
Hélas ! il me dévore, et mon cœur embrasé,
Déjà, par sa chaleur, est de force épuisé.
Eh ! bien, consumons-nous d'une flamme si belle,
Brûlons en holocauste au feu de la Pucelle,
Laissons-nous pour sa gloire en cendres convertir,
Et tenons à bonheur d'en être le martyr !

De semblables discours il entretient sa peine,
Elle le suit partout, partout elle le mène,
L'amour le fait veiller, autant que le devoir,
Et le sommeil sur lui voit manquer son pouvoir.

CHANT TROISIÈME

L'ombre n'est plus si noire, et la nuit moins profonde
D'un voile plus léger enveloppe le monde,
Les regards sont bornés d'un cercle moins étroit ;
Et jusqu'à l'horizon l'espace s'entrevoit.
La guerrière, en ce temps, quitte le sombre cloître,
Et vient avec l'aurore, à la terre « paroître » ;
L'éclat, qui de leurs fronts se répand à l'entour,
Fait douter qui des deux a ramené le jour.
Dunois lui vient alors, d'une ardeur enflammée,
Présenter le bâton que respecte l'armée :
— Et, je veux, lui dit-il, sous vos aimables lois,
Comme votre soldat, marcher contre « l'Anglois ».
Il eût dit : *votre amant*, mais une froide crainte
Lui glace la parole, à l'aspect de la Sainte,
Son esprit se confond, et troublé de sa peur
Laisse mourir ces mots dans le fond de son cœur.
Elle prend de sa main le spectre militaire,
Voit que le camp s'assemble et brûle de bien faire,

Le tire hors des murs, en couvre les sillons,
Et de tous ses drapeaux forme vingt bataillons.
Elle charge des uns le généreux Xaintrailles,
Si fort dans les assauts, si fier dans les batailles,
Le belliqueux Illiers, Chabanes le puissant,
Et Girème fatal aux cornes du croissant.
A ces quatre elle joint le vaillant Saint-Sévère,
Fratames l'indompté, Canède l'insulaire,
Coulouces, Termes, Rieux, le brave Arragonnois,
Et sur tous, comme chef, l'invincible Dunois.
Des autres qu'elle a pris pour combattre avec elle,
Elle charge Gaucourt, le chevalier fidéle,
Graville, dont les traits de tous sont les plus craints,
Puiseux et Capdorat, le plus beau des humains.
Elle en charge Villars, honneur de la milice,
Verduzan, Châteaubrun, Valpergue, la Palisse,
Vignoles, Deloré, Villandrade, et Corras,
Tous du corps de la France infatigables bras (1).
L'Anglais qui, de vingt forts et de deux cents redoutes,
Avait semé la plaine et traversé les routes,

---

(1) Parmi les noms d'ordre secondaire, cités par Chapelain, ceux qu'on trouve le plus souvent reproduits sont ceux de : Jacques de Chabanes, sénéchal du Bourbonnais; Raoul de Gaucourt, bailli d'Orléans; Florent d'Illiers, capitaine de Chateaudun; le sire de Graville; Thibaut d'Armagnac, seigneur de Termes ; Nicole de Girème, chevalier de Rhodes; le Lombard Valpergue, qui devint plus tard bailli de Lyon; Guillaume de Flavy, qui devait jouer un si triste rôle au siège de Compiègne; le seigneur de Verduzan, de Rieux, Alain de Giron, Canède, écossais, etc... Les noms méridionaux viennent ensuite en grand nombre.

Dans ses divers réduits, de machines armés,
Tenait ses étendards désormais renfermés.
D'un œil judicieux, la céleste guerrière
En choisit deux des grands pour l'attaque première,
Veut que Dunois au droit s'efforce de passer,
Et, pour elle à l'envi, prend le gauche à forcer.
— Français, dit-elle alors, votre mâle courage
S'excite assez tout seul sans l'aide du langage,
Et, pour vous acquérir le titre de vainqueurs,
Il suffit du brasier qui consume vos cœurs.
Allez donc à ces forts, dont la superbe enceinte,
Vous cachant les Anglais, vous découvre leur crainte,
Et pour mieux l'entreprendre, en vous-mêmes « songés »
Que leur camp tient encor vos remparts assiégés.
    Elle leur parle ainsi d'une voix foudroyante,
Et soudain aux deux forts l'escalade se plante (1);
On y fait en cent lieux cent vigoureux efforts,
Et l'ardeur est pareille, au dedans, au dehors.
A celui de Dunois, les troupes attachées,
Sous les dards qu'on leur jette à l'instant sont cachées.

---

(1) Pour synthétiser l'action, Chapelain fait commencer l'attaque des forts anglais, dès le lendemain de l'arrivée de Jeanne à Orléans. En réalité, l'héroïne n'ouvrit les hostilités que le 4 mai, à l'arrivée d'un second convoi de troupes que Dunois était allé rejoindre à Blois, et à l'occasion d'un convoi anglais que Falstolf ramenait de Paris. Ce jour-là, on prit la bastille de Saint-Loup, et cet avantage fut suivi d'un jour de trêve. Le 6, les Français occupèrent le fort des Augustins, qu'ils enlevèrent d'assaut. Le 7, eut lieu l'attaque de la forteresse des Tourelles et la sanglante bataille à la suite de laquelle les Anglais, le lendemain, levèrent le siège.

Et tous presque, en montant, par l'Anglais repoussés,
Vont tapisser la vase et remplir les fossés.
Peu des plus valeureux vers la cime s'avancent;
Les cailloux et les traits se roulent et se lancent,
La mort, en cent façons, vole de toutes parts,
Et le sang épanché rougit les boulevards.
 Coulouces vers le haut de l'échelle dressée,
A deux mains par Huntley voit la hache abaissée,
Coup sur coup sur l'échelle il la voit délâcher,
Et, grimpant contre-mont, espère l'empêcher.
Mais le robuste Anglais enfin l'ayant coupée,
Du Français courageux l'espérance est trompée;
Le guerrier et l'échelle, en tombant à la fois,
Laissent plus d'un soldat accablé de leur poids.
Fratames, remarquable en grandeur de stature,
Approchait du sommet de la forte clôture,
Et refrappant plus fort ceux qui l'avaient frappé,
Brandit son large fer dans leurs veines trempé.
Descales plein de trouble accourt en cette place,
Voit de quoi ce grand corps la courtine menace,
Et d'un roc, qui jadis fut la crête d'un mont,
Le renverse, pour mort, au lieu le plus profond.
Le Français qu'à son tour cette infortune trouble,
S'excite à la vengeance et sa fureur redouble,
Il redouble sa force, il redouble l'assaut,
Et toujours rejeté, toujours remonte en haut.
Rais, Canède, Giron, Xaintrailles, Rieux et Termes,
Contre l'effort anglais demeurent les plus fermes,

Abandonnent plus tard le créneau défendu
Et regagnent plutôt l'avantage perdu.
  Ainsi du vert palmier l'ambitieuse branche
A peine sous le faix, contre terre se penche,
Qu'on lui voit aussitôt, d'un élan glorieux,
Même avec tout son faix, remonter vers les cieux.
  Durant l'âpre combat, l'invincible Pucelle
Fait, au second des forts, attaquer le rebelle;
Le courage des siens va jusques à l'excès,
Et semble lui promettre un plus heureux succès.
Au redoutable mur chaque bande s'applique,
Les uns, pour se guinder, se servent de la pique,
Les autres de la main, les autres du poignard,
Et, même sans échelle, échellent le rempart.
Mais si l'assaut est rude, aussi l'est la défense;
Aucun trait par l'Anglais vainement ne se lance,
Aucun dard ne se perd; tous vont chercher le flanc,
Tous s'y font ouverture et s'y teignent de sang.
  Pour gravir au sommet, Alard et Richardelle
Se prêtaient l'un à l'autre une aide mutuelle,
Quand un fléau, sur eux, brandi d'un pesant bras,
A tous deux, en tombant, vient donner le trépas.
Lancôme s'avançait, quand une flèche aiguë
Vole et siffle vers lui, le traverse et le tue;
Le pied manque à Chavagne, il se prend à Cussé,
Et d'un grès l'un et l'autre, en glissant, est blessé.
Vignolles, abattu d'un coup de javeline,
Voit de corps renversés une pile voisine,

Et, par cette autre voie à la cime aspirant,
D'une autre javeline en reçoit un plus grand.
Rodolphe, Châteaubrun, Verduzan et Graville,
Malgré tout, vers le haut, s'élèvent entre mille,
Par les traits, par les dards, ne sont point arrêtés,
Et les Anglais, par eux, craignent d'être emportés.
Le vaillant Raveston, contre tant de vaillance,
Recueille en ce péril sa dernière puissance,
A chacun des guerriers oppose vingt soldats,
Et par force à la fin les précipite en bas.
 Ainsi lorsque des mers les vapeurs orageuses
Viennent couvrir du ciel les plaines lumineuses,
Et, se haussant toujours d'une constante ardeur,
Du trône des clartés offusquent la splendeur;
Le soleil éclatant, pour venger son outrage,
Avec tous ses rayons bat le sombre nuage,
Et, brisant à la fin son orgueil indompté,
Le fait rechoir en pluie et se rend la clarté.
 Mais, bien que de plusieurs la chute soit mortelle,
Ardemment toutefois l'assaut se renouvelle,
Leur perte les irrite, et tant d'affreuses morts
Demandent à leurs mains de plus mâles efforts.
Chacun d'eux animé de douleur et de honte,
D'un mouvement rapide au boulevard remonte;
On les voit tous, en l'air, rabattre heureusement
Les traits dont l'ennemi les charge incessamment.
Rodolphe, entre les chefs, plus que tous se signale,
Soutient de plus d'épieux l'impression fatale,

Et, sous son grand pavois à leurs pointes caché,
Moins que tous, en montant, sent son cours empêché.
La Pucelle, en tous lieux, à vaincre les exhorte,
Et par ses cris ardents aux terrasses les porte;
Ils y touchent partout, et vont à cette fois
Au fort, désormais faible, asservir les « Anglois »;
Quand, des prochains réduits, quatre bandes pressées
Aux réduits combattus viennent piques baissées,
Et la Sainte et Dunois, tous deux en même temps,
Ont, contre leurs deux corps, deux mille combattants.
    Alors, comme à l'envi l'un et l'autre s'apprête,
A prévenir l'effet de la double tempête,
Et, tournant vers le champ le feu de leur courroux,
Délivre les remparts de la peur de leurs coups.
Plusieurs cèdent d'abord à leurs regards terribles,
Plusieurs tombent d'abord sous leurs bras invincibles,
Plusieurs perdent le cœur avec le jugement,
Et peu s'osent résoudre à mourir noblement.
Stafford contre Dunois, Holland contre la Sainte,
Dans l'effroi général semblent être sans crainte,
Par gloire ou par pudeur ils se montrent vaillants,
Et s'opposent au cours des deux forts assaillants.
Mais qui peut soutenir cette double puissance?
Son choc impétueux brise leur résistance,
Et malgré la vigueur de leur bras indompté,
L'un y perd la franchise, et l'autre la clarté.
    De fuyards éperdus la campagne est semée,
La Guerrière les chasse, aux yeux de leur armée,

Jusques sur les fossés le Guerrier les poursuit,
Et nul à leur secours ne vient de son réduit.
Le rebelle, en tous lieux, d'épouvante se glace,
Il se croit en péril, même dans sa « terrace »,
Le feu qui lui restait à ce coup s'amortit,
Et le camp le plus grand a peur du plus petit.

Tel le rhinocéros, que la terre africaine
A vu longtemps régner sur sa brûlante arène,
Et, par sa corne horrible, en leurs antres profonds.
Resserrer de frayeur éléphants et dragons;
Au rugissant assaut de la fière lionne,
Malgré sa fermeté, sent son cœur qui s'étonne,
Et, le pied glorieux devant elle lâchant,
Dans la grotte se cache, et tremble en s'y cachant.

Les troupes sont à peine en leurs forts rechassées,
Qu'ils retournent tous deux aux courtines laissées,
Et chacun voit les siens, des boulevards tentés,
Avec beaucoup de sang, partout précipités.
La Guerrière s'écrie : — O guerriers sans courage,
Quoi ! l'Anglais contre vous garde son avantage,
Quoi ! par votre faiblesse, il vous voit en ce lieu,
Rendre vain, le secours de la bonté de Dieu !
Imprudents ennemis de votre propre gloire,
Vous laissez vers Bedford envoler la victoire;
Ah ! remontez, soldats, et, méprisant la mort,
Sur le corps des tyrans, suivez-moi dans ce fort !

L'assaillant refroidi, tout à coup, dans son âme,
Par le feu de ces mots sent rallumer sa flamme,

De toutes parts remonte, et partout désormais
Supporte, sans céder, les cailloux et les traits.
Devant les plus ardents resplendit la Guerrière,
Qui plus que tous s'expose à la grêle meurtrière,
Chacun, par son exemple, autant que par sa voix,
Se résout de mourir, ou de forcer « l'Anglois ».
Il semble, en se guindant vers l'effroyable cime,
Qu'elle y tire, après soi, le Français magnanime;
Sous elle, à droite, à gauche, ils la suivent en haut,
Et portent aux remparts un formidable assaut.

Proche d'elle s'élève, et doucement éclate
Du vaillant Capdorat la beauté délicate,
Et de ses cheveux blonds les anneaux radieux,
A l'égal de son fer, éblouissent les yeux.
Un peu plus à l'écart, le puissant Villandrade,
Le javelot en main la courtine escalade;
Les fermes échelons se courbent sous ses pas,
Et son bras lui promet l'effet de mille bras.
L'assailli qui ne craint que celui de la Sainte,
Et de qui la valeur s'anime par la crainte,
En tous autres endroits résiste faiblement,
Et, dans cet endroit seul, combat obstinément.
Elle, de plus en plus, s'éloigne de la terre,
Et soutient sur son dos tout le faix de la guerre;
L'Anglais tonne sur elle, et tonne à grands éclats;
Mais, bien qu'il la foudroie, il ne l'étonne pas.
Elle dissipe enfin la tempête mortelle,
Et luit affreusement au sommet de l'échelle,

Dans ses yeux embrasés et dans son fer ardent,
L'étranger reconnaît son trépas évident.

Mais tandis qu'à son mur la Guerrière s'élève,
Le grand Dunois au sien ne donne paix ni trêve ;
Il le veut emporter, et le premier de tous
Se présente à l'attaque et s'abandonne aux coups.
A la merci des traits, contre-mont il s'élance,
Voit en vain, contre lui, renforcer la défense,
En vain, sur son armet, sent fondre mille dards,
Et touche désormais le front des boulevards ;
Quand ainsi qu'un soleil, qui brûle autant qu'il brille,
Il voit, d'un œil jaloux, la valeureuse Fille,
Maîtresse du réduit si longtemps défendu
Et le fier Raveston sous ses pieds étendu.
De douleur il s'écrie : — O faibles, ô timides,
Quoi ! vous tardez encore à dompter ces perfides ;
Et voilà cependant, que dans cet autre fort,
Par les bras d'une Fille, il endurent la mort !...
Il parle, et sa parole est âpre et véhémente,
Son éclat aux Anglais donne de l'épouvante,
Ses coups les font frémir, et Descales en vain
Oppose à ce tonnerre, et la voix, et la main.
Des créneaux, à la fin, Dunois se rend le maître ;
Nul Anglais, devant lui, n'oserait plus paraître,
Par le chemin frayé, sa bande suit ses pas,
Et remplit tout d'horreur, de fuite et de trépas.

L'étranger emporté s'effraie et se disperse,
Et pressé du Français, l'un l'autre se renverse;
Descales cède même, et par Dunois poussé,
Tombe, mais après tous, dans le bas du fossé.
Il n'est plus d'ennemi qui ne fuie ou ne meure,
Le fort aux assaillants, sans obstacle, demeure,
Le sang rebelle y coule, et les vainqueurs épars,
Dans le sang répandu plantent leurs étendards.
　La Sainte Fille alors, rayonnante de gloire,
A grands cris, par les siens, fait chanter la victoire;
La troupe de Dunois, à ces cris éclatants,
Par de semblables cris, répond en même temps.
Ce chant, deçà, delà, par trois fois se redouble,
De ces échos guerriers l'air s'émeut et se trouble;
Mais l'orgueilleux Bedford, de douleur accablé,
A ce bruit triomphant, plus que l'air est troublé.
Dans ses autres remparts la crainte le resserre,
Il semble terrassé de deux coups de tonnerre,
Tout espoir l'abandonne, et sa triste raison
Pour lui, n'offre à ses sens, que mort, ou que prison.

Le jour luisait encore, et le flambeau du monde,
Allait, comme à regret, s'éteindre au sein de l'onde;
Dunois, sans perdre temps, veut sur les autres forts,
A la faveur du jour, employer ses efforts.
Mais des deux grands succès l'Héroïne contente,
Réprime du Héros la fougue impatiente,

D'un éloge obligeant tempére son refus,
Et veut au lendemain remettre le surplus.
De pics et de brandons la populace armée,
Contre les forts conquis, va de rage animée,
Et violant la paix de la tranquille nuit,
Les pille, les abat, les brûle, les détruit.
Le vainqueur cependant s'arrête et prend haleine,
Mais s'arrête en vainqueur et loge dans la plaine;
Il a rompu ses fers, et du joug déchargé,
Répute à déshonneur d'agir en assiégé.
Assiégeant, à son tour, il dispose ses bandes,
Sur les coteaux voisins, dans les voisines landes;
Et par toute l'enceinte, avec cent petits corps,
Des boulevards anglais coupe tous les abords (1).

 Autour des feux ardents, les brigades couchées,
Sur l'aride sablon ou les herbes séchées,
Sans trouble désormais, le couteau dans la main,
Sur les vivres tranchés assouvissent leur faim.
Des vins délicieux les écumeuses ondes
Se versent coup sur coup, dans les tasses profondes,
Et prises à longs traits, par leur douce liqueur,
Réveillent les esprits et réchauffent le cœur.
Les uns dansent en rond, en rond les autres chantent,
Ceux-ci content leurs faits, les content et les vantent,

---

(1) Chapelain fait entrer dans une seule journée tous les faits d'armes qui se succédèrent depuis l'arrivée à Orléans jusqu'à la prise du fort des Augustins. Les Français passèrent la nuit sur le champ de bataille, pour être plus à portée, le lendemain, d'attaquer les Tourelles.

Ceux-là plus enflammés se lancent à leurs dards,
Et des timides forts menacent les remparts.
Le tremblant ennemi, du haut de ses « terraces »,
Voit tous leurs mouvements, voit toutes leurs menaces,
Et pâlissant d'effroi, demande à sa valeur
De réparer sa perte et dompter son malheur (1).

 Entre tant de grands forts qu'occupent les rebelles,
Aucun n'est comparable au grand fort des Tourelles;
Il est vaste d'enclos, il est haut élevé,
Et son pied, tout autour, par la Loire est lavé;
Mais, vers deux des côtés de la superbe masse,
La brûlante saison rend la rivière basse,
Et sans mouiller les flancs, au midi comme au nord,
Du rivage opposé on peut aller au fort.
Le général anglais de sa nombreuse armée,
Là, pour vaincre ou mourir, tient l'élite enfermée,
Et, sur ce beau théâtre, aspire à faire voir
Ce que peut la vaillance unie au désespoir.
 La Sainte, aux premiers rais de la vermeille aurore
Se tourne vers les cieux, leur assistance implore,
Puis se montre à son camp, et de ses bataillons
Couvre, au son des tambours, les arides sablons.
Alors pleine de feu : — Compagnons, leur dit-elle,
Achevez de punir cette race infidèle,

---

(1) « Et là demeurèrent toute nuyt — raconte un ancien chroniqueur. — Et ce voyant quelques seigneurs que la Pucelle estoit fort folée (épuisée), la menèrent dans la ville pour soy refreschir. »

CHANT TROISIÈME.

Achevez d'affranchir la fidèle cité,
Du joug insupportable à ses murs apprêté.
Qu'au grand fort, à grands pas, chacun de vous s'avance;
Je vois d'ici l'Anglais qui tremble et qui balance :
Marchez, courez, volez, et n'appréhendez rien;
Il se défendra mal, si vous l'attaquez bien!

Sa voix est foudroyante, et les claires trompettes
Semblent être auprès d'elle, ou faibles, ou muettes;
On marche, on court, on vole, et, d'une et d'autre part,
On traverse les gués, on monte au boulevard.
L'étranger accueilli de ce funeste orage,
En repousse l'effort d'un semblable courage ;
Le Français et l'Anglais, également bouillants,
Sont tous deux assaillis et tous deux assaillants.

Dunois vers le midi ses brigades anime,
Et présente à leurs cœurs la périlleuse cime;
Mille morts à la fois partent de mille bras,
Et du comble tenté rejettent les soldats.
Rassan périt d'un trait, et Valin d'une hache,
Un roc tombe sur l'Ile et de son poids l'écache (1),
Laigues par une flèche, et Morgues par un dard,
Perdent avec le jour le sommet du rempart.
De tant de sang versé, l'onde au-dessous est teinte;
Chabanes, de douleur se sentant l'âme atteinte,
Pour venger ses amis son échelle dressant,
Vers l'horrible créneau s'élève en menaçant;

---

(1) L'écrase, le broie.

Quand de trois marteaux lourds la sonnante tempête,
Par l'effort de trois bras vient fondre sur sa tête;
Il résistait aux deux, mais au troisième enfin,
Il perd la connaissance et cède à son destin.
Termes, qui de Bedfort méditait la ruine,
Trébuche, en l'approchant, sous une javeline,
Et Rieux, plus haut encor vers la cime avancé,
Par une demi-pique est sur lui renversé.
Canède le dernier, dans l'attaque terrible,
Entre mille vaincus semblait être invincible,
Et, bien que mille traits l'atteignissent d'en haut,
D'un pas moins résolu n'allait pas à l'assaut.
Lors un fléau bruyant, qu'un bras nerveux desserre,
Le mesure, l'atteint et le porte par terre;
Par le fléau tournant, il est pris en travers,
Et loin des premiers chus, s'en va choir à l'envers.
 Il n'est rien cependant, qui leur valeur rebute,
Rien n'alentit leur cours, ni blessure ni chute;
Tous butent à la palme, et veulent, dans le fort,
L'aller même cueillir aux dépens de leur mort.
Le prince, impétueux, parmi les siens se mêle (1),
Et, plus que tous, s'expose à la mortelle grêle;
Son armet en résonne, et les coups violents
Tirent de son écu des feux étincelants.
Aucun d'eux ne l'abat, aucun d'eux ne l'arrête;
Il s'élève toujours, malgré l'âpre tempête,

---

(1) Dunois.

Etonne et fait blêmir les nombreux défenseurs,
Et va du boulevard se rendre possesseur,
Lorsqu'un énorme grès, poussé de la « terrace »,
Lui roule sur le dos et l'échelle fracasse.
Le Fort, par ce tonnerre, à son bras est ravi;
Il tombe, et de cent dards en tombant est suivi.
Soudain, à la vengeance, il s'apprête et s'excite;
La perte du rempart plus que son mal l'irrite,
Et, bien qu'il ait le corps en plus d'un lieu froissé,
Il retourne plus fort à l'ennemi laissé.
 La Sainte, en même temps, d'une ardeur véhémente,
Au nord du boulevard l'escalade présente;
Elle brille entre tous, et ses yeux flamboyants
Attirent, sur son chef, cent rochers foudroyants.
Mille soldats choisis, trente pour chaque échelle,
Sur le bois ondoyant se glissent avec elle;
Un orage mortel se décharge sur eux,
Et souvent un seul dard fait plus d'un malheureux.
Bidache et Senarpont, d'une fougue empressée,
Montaient l'un après l'autre, à l'échelle dressée;
Un javelot lancé par un robuste bras,
Les perce l'un et l'autre et les livre au trépas.
Alain, qui voit leur chute, adroitement se cache,
Sous le solide acier d'une grande rondache,
Et volant contre-mont, par le métal épais,
Du brave défenseur rebouche tous les traits;
Mais de bois enlacés une vaste machine,
Par l'effort de cent mains, lui fondant sur l'échine,

Il se couvre sans fruit de son large pavois;
La machine, en tombant, l'écrase sous son poids.
Argimont approchait la formidable cime,
Quand d'une faux aigue il devient la victime;
Atteint par le gosier, il prend un rude saut,
Et fait, en trébuchant, trébucher Concressaut.
Humbert reçoit au ventre une profonde plaie,
Ossemont à la gorge, à la tête Canaie,
Au genou Roquepine, à la hanche Barrain,
A la cuisse Nargonne, et Vandenesse au sein.
　Le sort est implacable et la sainte Guerrière
Avait seule évité la grêle meurtrière (1).
Elle touchait au comble, et, dans le vaste fort,
D'une main triomphante allait prendre Bedford;
Lorsqu'au fond des bas lieux, le prince des ténèbres,
Entre les pleurs amers et les accents funèbres,
Dans sa grotte embrasée, au milieu de sa nuit,
Sut l'état où l'Anglais par elle était réduit.

---

(1) Parmi les projectiles, dont se composait cette « grêle meurtrière », il faut comprendre ceux que lançait l'artillerie. On sait que l'usage du canon remonte à la bataille de Crécy, c'est-à-dire à 1346. A dater de ce moment, les armes à feu se multiplièrent et arrivèrent à un perfectionnement relatif. Au XVe siècle, l'artillerie comprenait les canons bombardes, les canons pierriers, les courtauts, les coulevrines, les bâtons à feu. Les grosses pièces lançaient des projectiles en pierre et les autres des balles de plomb.

Orléans était muni d'une quantité considérable de pièces d'artillerie. Après la délivrance de la ville, les Orléanais prêtèrent une partie de leurs canons à l'armée de la Loire, entre autres leur grosse bombarde, la *Bergère*, le courtaut *Montargis* et un certain nombre de coulevrines.

CHANT TROISIÈME.

De tout temps le démon, en son âme inhumaine,
Nourrissait pour la France une implacable haine,
Ayant vu, tant de fois, ses projets inhumains,
A son grand déshonneur, par elle, rendus vains :
De l'effroyable Hun les drapeaux mis en fuite,
Du nombreux Sarrazin la puissance détruite,
Du profane Lombard le règne anéanti,
Du Saxon révolté l'orgueil assujetti ;
Sur le fier musulman Solyme reconquise,
L'Albigeois égaré reconduit à l'Eglise,
Enfin, malgré les flots, les écueils et les vents,
Le Maure attaqué même en ses sables mouvants.
Mais, outre tant d'affronts, dont, sur l'illustre France,
Son empire abattu lui demande vengeance,
Si rien fait qu'il en veuille être persécuteur,
C'est de voir que Michel en est le protecteur (1).
Sa rage le transporte, autant de fois qu'il pense
Au coup démesuré qu'il reçut de sa lance,
Quand des cieux assaillis dans l'abîme jeté,
Il perdit, pour jamais, la gloire et la clarté.
Le poids d'un si grand coup incessamment l'oppresse,
Ce Michel, cette France, à lui s'offrent sans cesse,
Et d'un fiel embrasé lui remplissent le cœur,
Contre son ennemie, et contre son vainqueur ;
Mais sa mortelle rage, et sa haine immortelle,
Ne pouvant rien sur lui, se déchargent sur elle.

---

(1) L'archange saint Michel.

A ces vieux aiguillons, un nouveau, succédant,
Ne fait qu'aigrir le fiel de son courroux ardent.
Dans la centième année, un prince d'Angleterre,
Déclarant à l'Eglise une sanglante guerre (1),
Doit altérer son culte, et, vrai monstre d'horreur,
En infecter le sein de licence et d'erreur.
Satan qui de ce mal flatte sa frénésie,
Et qui voit cette porte ouverte à l'hérésie,
Par ce malin espoir ses douleurs consolant,
En éprouve l'accès un peu moins violent.
Comme des Anglais seuls il attend toute chose,
Selon leurs intérêts ses desseins il dispose,
Il seconde leurs vœux, il soulage leurs soins,
Il épouse leur cause, et veille à leurs besoins.
Pour eux, pour leur fortune, il est toujours en crainte,
Aussi, voyant leur chef succomber sous la Sainte,
Dans le même moment, pour le sauver des fers,
Des démons les plus forts il prive les enfers.
Entre les légions qu'arme la noire plage,
Sur toutes une excelle en grandeur de courage ;
Pour garde il la choisit, et, de près l'animant,
La rend de ses fureurs l'ordinaire instrument (2).

---

(1) Allusion au schisme d'Henri VIII, roi d'Angleterre; schisme qui devait se produire un siècle plus tard.

(2) Ainsi qu'on a déjà pu le voir, le merveilleux dans cette épopée repose sur la donnée suivante : la France est la fille aînée du ciel et l'instrument des justices divines. L'Angleterre, par contre, est l'agent direct des puissances infernales, le bras droit de Satan. Partant de ce principe, le poète élargit le théâtre de la lutte, pour nous montrer.

— Va, lui dit le démon, va, fidèle milice,
Garantir mes Anglais du fatal précipice,
Va détourner le coup du fer victorieux,
Que leur tient sur le front la Guerrière des cieux.
L'état où je les vois, des états est le pire,
De leur salut dépend l'honneur de mon empire,
J'ai pour ce rare exploit destiné ta valeur;
Va vite, et de leur sort répare le malheur.

 La bande, à ce discours, se répand sur la terre,
Et vient mêler sa rage à celle de la guerre;
L'air en est agité, le soleil en pâlit,
Et la Loire s'en trouble au plus bas de son lit.
Dans son dernier instant, Bedford sait leur venue,
Et se sent assisté d'une force inconnue;
Ils passent dans son sein, ils passent dans son bras,
Et lui font de la Fille espérer le trépas.
Du fort impérieux elle tenait la cime,
Et le faisait trembler sous son bras magnanime,
Quand d'un bras animé par les monstres d'enfer,
Contre elle, avec grand bruit, il darde son grand fer.

 Vers où l'épaule gauche à la gorge est conjointe,
Le sacrilège fer, de sa mortelle pointe,
Bouclier et cuirasse et le col entamant,
Se fait jour par le dos, et suit rouge et fumant (1).

---

au-dessus de la mêlée terrestre, la bataille engagée, dans l'espace, entre les légions célestes qui combattent pour la France et les milices de l'enfer qui combattent pour l'Angleterre.

 (1) La veille, Jeanne avait dit à son confesseur : — « Levez-vous

D'une atteinte si rude, étourdie, ébranlée,
Elle voit de ses mains la victoire écoulée;
Les Anglais, les démons contents et furieux,
D'épouvantables cris font retentir les cieux.
A l'éclat, au fracas de ce nouveau tonnerre,
Le Français sent son cœur, qui se glace et se serre,
Il croit la Sainte morte, et pleurant son trépas,
Du rempart assailli se retire à grands pas.
Seule, bien que le sang de ses veines ruisselle,
Elle tient ferme encor au faîte de l'échelle,
Et, rassurant les siens dans leur étonnement,
En ces termes leur parle, et d'un ton véhément :
— Quoi ! valeureux guerriers, quoi ! dans votre avantage,
Un peu de sang perdu vous fait perdre courage ?
Pour moi, je le répute à suprême bonheur,
Et, dans ce petit mal, je trouve un grand honneur.
Le succès, bien qu'heureux, n'eût eu rien d'honorable,
Si le Ciel n'eût permis un coup si favorable;
Vous n'en verrez pas moins vos bras victorieux,
J'en verrai seulement mon nom plus glorieux.
   Elle est, en ce moment, de cent flèches couverte,
Et désormais aucun ne doute de sa perte;
Des flèches toutefois aucune ne l'atteint,
Ou du moins, l'atteignant, de son sang ne se teint.

---

demain de grand matin, vous serez plus qu'aujourd'hui. Tenez-vous toujours auprès de moi ; car j'aurai moi-même beaucoup à faire, et plus que je n'ai jamais eu. Demain, mon sang coulera de mon corps, au-dessus du sein. »

Mais la force la quitte, et l'oblige à descendre;
Sa grande âme y répugne, et voudrait s'en défendre;
Il le faut, elle cède, et crie à haute voix :
　— Reçois de mon retour ce noble gage, « Anglois »,
Retiens-le ! — Sur ce mot, recueillant sa puissance,
Haut, dans le sein de l'air, son enseigne elle lance;
L'enseigne vers les cieux, s'élève avec effort,
Puis se va replanter dans le milieu du fort.
La Sainte aux siens se tourne et : — Nous verrons, dit-elle,
Qui la possédera, de nous, ou du rebelle;
Nous verrons qui de nous la laissera périr,
Et si je serai seule à l'aller requérir !
　Dunois qui, dans son poste à ce poste opposite,
Pressait des ennemis la belliqueuse élite,
Du coup de la Guerrière entend le triste bruit,
Et sent couvrir ses yeux d'une ombrageuse nuit.
De douleur il soupire, et devient froid et pâle,
Son cœur se sent percé de l'atteinte fatale,
Et pour se maintenir, sans en être abattu,
Se trouve avoir besoin de toute sa vertu.
Il accourt vers la Sainte, et ses armes apprête;
Mais, il n'est guère loin, que sa course il arrête.
L'honneur retient ses pas, qu'avait poussés l'amour,
Lui montre la courtine et l'invite au retour.
Un trouble violent s'élève dans son âme,
Son devoir est contraire au dessein de sa flamme,
L'un et l'autre, un grand temps, contestent de pouvoir,
Enfin la flamme cède et fait place au devoir.

— Dure loi, dit le Prince, en retournant aux bandes
Qui de ma passion la tendresse gourmandes,
Et qui me rends barbare envers le saint objet,
Par qui du sceptre anglais je ne suis point sujet,
Aux dépens de mon cœur, eh ! bien, sois satisfaite,
Contente ton désir, dans ma lâche retraite,
Pour plaire à ta rigueur je consens d'être ingrat,
D'être mauvais amant, pour être bon soldat !
Malgré toi toutefois, inhumaine contrainte,
Ma vaillante douleur combattra pour la Sainte,
Et mon bras dans le sang fera les corps nager,
Sinon pour la sauver, au moins pour la venger ;
Je plongerai ce dard au sein du parricide !....
   Aux remparts, à ces mots, il va d'un cours rapide,
Les siens il y remène, et l'Anglais plein d'horreur,
Tremble au terrible aspect de leur noble fureur.
   Cependant le Très Haut contemplant sa Guerrière,
Et voyant de ses yeux obscurcir la lumière,
Plutôt que de laisser le saint œuvre imparfait,
Lui veut d'un saint secours faire sentir l'effet.

Aux jardins étoilés, dont les fleurs et les plantes
Ont le suc salutaire et les feuilles brillantes,
Sur toutes une luit, qui pleine de vertu,
N'a jamais sans victoire aucun mal combattu.
Le peuple aimé des cieux, à l'antique monarque,
Dont les jours n'attendaient que le fer de la Parque,

Vit jadis cette fleur, dans les champs palestins,
De trois lustres entiers prolonger les destins.
Son bouton est vêtu d'une pourpre enflammée,
Qui, sans nombre à l'entour, d'astres d'or est semée ;
Sa tige est haute et droite, et d'un azur changeant,
Qui traîne en serpenteaux ses racines d'argent.
D'une tendre émeraude, en lames divisée,
La merveilleuse plante a sa fleur composée,
Et, sans s'épanouir, cette puissante fleur
Tient sa force cachée aux replis de son cœur.
   Par le pouvoir divin, un des anges la cueille ;
Il presse entre les doigts sa verdoyante feuille,
Et, pour remède unique au mal qu'a fait le trait,
En tire un lait plus doux que le terrestre lait.
L'ange avec la liqueur, d'une chute soudaine,
Vient où la fille souffre une cuisante peine,
Et, dans son coup mortel, sans paraître à ses yeux,
Verse insensiblement ce baume précieux.
L'efficace pouvoir de ce nouveau dictame,
De la brûlante plaie ôte toute la flamme,
Chasse tout le venin, et, ses bords unissant,
Rend la force première à son bras languissant (1).
Elle se sent guérie, et du secours céleste
Voit, dans sa guérison, la preuve manifeste,

---

(1) Depuis qu'elle n'est plus cultivée dans les « Jardins étoilés », la joubarbe, car c'est d'elle vraisemblablement qu'il s'agit, a beaucoup perdu de ses dons merveilleux. Cependant, on s'accorde encore à lui reconnaître quelque vertu curative.

Bénit le Souverain, adore ses bontés,
Et retourne aux Anglais à pas précipités.
 Mais contre les démons, dont la troupe invisible
Rend le haut du rempart à tous inaccessible,
L'ange, qui se voit seul, en ce besoin pressant,
Pour n'y pas succomber, recourt au Tout-Puissant.
— L'enfer, s'exclame-t-il, ô majesté divine,
Des perfides Anglois ne veut point la ruine,
Il borde de leurs murs, et le front, et le flanc,
Et des Français partout a répandu le sang.
Contre sa violence et contre sa malice,
A nos faibles efforts joins ceux de ta milice,
Et, par tes esprits saints, dans les feux éternels,
Veuille précipiter les esprits criminels.
 Dieu voit le grand péril, accorde la demande,
Et de soldats ailés fait partir une bande.
Uriel est à la tête, il tombe, en un moment,
Du ciel le plus sublime au plus bas élément.
Il fond, avec les siens, sur la troupe infernale,
En valeur, en fureur, là chacun se signale ;
Les anges, les démons, d'un foudroyant éclat,
Sur le mur combattu font un âpre combat.
Deux nuages de feu, l'un clair et l'autre sombre,
Semblent faire heurter la clarté contre l'ombre,
On voit leurs tourbillons l'un vers l'autre voler,
Et de leur choc ardent la flamme étinceler.
Tantôt l'un, tantôt l'autre, en égale balance,
Dans la plaine des airs, où recule, ou s'avance;

CHANT TROISIÈME.

Tantôt d'égale force, à l'envi se poussant,
Ils font pour s'ébranler maint effort impuissant :
Mais enfin, tout à coup, le ténébreux nuage
Au nuage brillant laisse prendre avantage ;
On le voit entr'ouvert, on le voit enfoncé,
On le voit, en cent parts, en cent lieux, dispersé.
Sur ce temps l'Esprit saint, garde de la guerrière,
Lui lève le bandeau qui voilait sa paupière,
Et lui découvre à nu les escadrons d'enfer,
Ecartés loin du fort par l'angélique fer.
Il lui découvre à nu, dans l'horrible bataille,
Les saints qui d'Orléans protégent la muraille,
Saint Agnan, saint Envert, qui de leurs saints bâtons,
Des anges à l'envi, poursuivent les démons.
Cet objet la surprend, et d'aise la transporte ;
Il lui hausse le cœur, et rend sa main plus forte ;
Elle crie : — O Français, l'enfer est « terracé »,
Le ciel veut à ce coup que l'Anglais soit forcé.
Donnons ! Et de furie en parlant elle donne ;
Le Français donne alors, le rebelle s'étonne,
Et, comme si l'effroi l'avait rendu perclus,
Il demeure immobile et ne résiste plus.

 Durant ces hauts exploits, le renommé Girême,
Terreur de l'Ottoman et son horreur extrême,
Pour aller à l'assaut du rempart orgueilleux,
Avait pris entre tous un chemin périlleux.
A la tête des siens, sous des armes dorées,
De mille blanches croix couvertes et parées,

Il court au boulevard, un long trait à la main,
Et se prépare à faire un acte plus qu'humain.
La grande croix d'argent, sur sa rondache empreinte,
Eblouit le rebelle et le remplit de crainte,
L'infidèle partout devant elle a tremblé,
En ce lieu le chrétien devant elle est troublé.
Le pont, par qui le fort se joignait à la ville,
N'était plus sur les eaux qu'une masse inutile,
Depuis que l'assiégeant, resserrant l'assiégé,
L'eut pour son assurance à le rompre obligé.
    Par là le grand guerrier son attaque médite,
La grandeur du péril sa vertu sollicite,
Il y va plein d'ardeur, d'un cours précipité,
Vient à l'arche rompue, et s'y trouve arrêté.
Le vide en est, à l'œil, de largeur excessive,
Il veut pourtant rejoindre et l'une et l'autre rive,
Et d'une étroite planche, aussitôt vif et prompt,
Sur le pont démoli, fabrique un autre pont.
Avec peine et danger, il fournit cet ouvrage,
Avec peine et danger, il s'en fait un passage ;
La planche, sous ses pieds, semble rompre à tous coups,
Et lui montre la Loire, et la mort au-dessous.
Toutefois, sans frayeur, d'un pied ferme il y passe,
Et suivi de sa troupe avance à la « terrace » ;
Il y monte et remarque, avec étonnement,
Que l'Anglais à son choc s'oppose lâchement.

CHANT TROISIÈME.

Entre le haut des cieux et le bas de la terre,
Dans la plaine étendue où règne le tonnerre,
Habite la Terreur, qui par cent froides mains,
Serre et glace les cœurs des malheureux humains.
On connaît sa nature et non son origine,
Le ciel se l'attribue, et la nomme divine,
L'enfer s'en dit le père et croit devoir ce fruit
A l'effroyable sein de l'éternelle nuit.
Elle a, comme le corps, les deux ailes couvertes
De bouches aux clameurs incessamment ouvertes,
Et darde près et loin, par cent ressorts divers,
Cent visages hideux et cent gosiers ouverts.
D'un mouvement rapide elle vole et revole,
Du levant au couchant, de l'un à l'autre pôle,
S'accommode sans peine aux changements du sort,
Et se range toujours au parti du plus fort.
Sur le dernier instant que la bande céleste
Donnait à l'infernale une chasse funeste,
La volage Terreur vint dans le vaste fort
En faveur du Français intimider Bedford (1).
Elle étouffe en son cœur tout ce qu'il a de flamme,
D'affreuses visions elle agite son âme,
Et lui feint, et Girême, et la sainte, et Dunois,
Avec cinquante dards et cinquante pavois.
A ses regards douteux elle peint et figure
Chacun des assaillants immense de stature,

---

(1) Tous les historiens sont unanimes à mentionner la panique dont fut prise l'armée anglaise, à ce moment.

Les figure chacun de deux masses armé,
Envenimé de haine, et de sang affamé.

   Ainsi dans sa fureur, par son crime excitée,
Sur le haut Citheron, le fabuleux Penthée
Voyait, ou pensait voir, de ses farouches yeux,
Et deux Thèbes en terre, et deux soleils aux cieux.

   Chacun de ses soldats, non moins que lui, se trouble;
A leur sens égaré le Français se redouble;
Ils lui cèdent partout, se confessent vaincus,
Laissent tomber leurs traits et jettent leurs écus.
La Guerrière, Dunois, et le brave Girême,
Se lancent dans le fort, d'une vigueur extrême,
Xaintrailles, Châteaubrun, Villandrade et Flavy,
D'une extrême vigueur s'y lancent à l'envi,
Là se fait du rebelle un horrible carnage,
Le sang s'y verse à flots, les corps y vont à nage,
Et le fer altéré s'y voit, avec plaisir,
Dans un rouge Océan étancher son désir.

   Bedford, à la faveur d'une obscure poussière,
Sur le pont abaissé traverse la rivière,
Et, dans l'un de ses forts se tenant resserré,
Là même du vainqueur se croit mal assuré:
Les siens suivent ses pas et se sauvent en foule,
La crainte, vers le pont, l'un sur l'autre les roule,
Le généreux Talbot et le fier Glacidas
Pensent, mais vainement, retenir leurs soldats.
La Terreur les poursuit de mille ombres funestes,
Et pousse vers ce lieu leurs misérables restes;

CHANT TROISIÈME.

Par un chemin étroit, tous veulent, à la fois,
Eviter la rigueur des armes du « François »,
Mais se voulant couvrir de cette âpre tempête,
La hâte les retarde, et l'ardeur les arrête ;
D'un effort inutile, ils s'empressent toujours,
Et toujours, par la presse, embarrassent leurs cours.
  La foule, en cet endroit, de plus en plus s'augmente,
Et désormais le pont l'éprouve trop pesante,
Il gémit, il éclate, et, dans le fond de l'eau,
Précipite avec lui son énorme fardeau.
L'infortuné rebelle, en sa chute effroyable,
Pousse un cri, jusqu'aux cieux, horrible et pitoyable ;
Chacun tombe, et tombant voit l'infaillible mort...
Lâches et courageux, tous ont le même sort.
Le fleuve les reçoit dans ses grottes profondes,
Et, plus haut que le fort, fait rejaillir les ondes ;
Il blanchit tout d'écume, et roulant à grand bruit,
Vers l'un et l'autre bord se rejette et s'enfuit.
Dans cette déplorable et terrible aventure,
Mille Anglais sous les eaux trouvent leur sépulture
Et là, confusément, demeurent entassés
Les faibles et les forts, les sains et les blessés.
Toi-même, ô Glacidas, toi par qui l'Angleterre
Avait cru remporter le prix de cette guerre,
En ce triste accident, vaincu mais non troublé,
Par les ruines du pont tu te vis accablé (1).

---

(1) « Glacidas, Glacidas, lui cria Jeanne, *Rends-ti, Rends-ti* (Rendstoi), au roi du ciel !... Tu m'as appelée p..., j'ai grand pitié de ton âme. »

De tant de corps meurtris, la Loire ensanglantée,
Aux maritimes flots, courut épouvantée,
Et, leur communiquant sa nouvelle couleur,
Du superbe étranger leur apprit le malheur.
Talbot seul, entre tous, dans l'injure commune,
A respecter sa tête obligea la Fortune,
Et du pont et des siens, pêle-mêle chargé,
Sous les vagues pourtant ne fut pas submergé.
Il tomba, mais tout droit, et du gouffre de l'onde
A peine eut des deux pieds touché la vase immonde,
Qu'au-dessus à l'instant, d'un élan vigoureux,
On le vit apparaître, ardent et valeureux.
De l'une de ses mains, il tient son cimeterre,
De l'autre il fend les eaux et s'élance à la terre,
Et, bien qu'il soit suivi d'un orage de dards,
Sur le rivage enfin, triomphe des hasards.
    Au boulevard conquis alors tournant la vue,
De colère et de rage, il sent son âme émue,
Menace les Français de cent cruels trépas,
Et vers les autres forts dresse ses tristes pas.
Lors pour dernier malheur, il voit de son armée,
La colline couverte et la plaine semée,
Il voit ses bataillons de frayeur éperdus,
Il les voit ébranlés, il les voit confondus.
L'invincible terreur, au grand fort dominante,
Avait de là, partout, jeté son épouvante,
Et, par l'augure affreux, de mille dures morts,
De son plus froid venin rempli les autres forts.

CHANT TROISIÈME.

Par cent griffes d'acier, par cent secousses fortes,
Elle en avait brisé les remparts et les portes,
Et, par cent fouets sonnants, des rebelles chassés,
Avait, aux champs voisins, les drapeaux dispersés.
  Talbot vient sur ce temps, et le monstre effroyable
Vole soudain ver lui, mais visible et palpable,
Se lance dans ses yeux, s'empare de son sein,
Et l'oblige par force à changer de dessein.
Malgré lui, son grand cœur, à ce coup, l'abandonne,
Il craint, et de sa crainte il a honte et s'étonne,
Il ne prend pas la fuite, et toutefois il suit
Le soldat, qui de peur, se débande et s'enfuit.

  Dans l'éclat cependant de sa haute victoire
La Sainte voit manquer quelque chose à sa gloire,
Et du milieu des morts tirant son étendard,
Songe à finir la guerre et sort du boulevard.
  Le soleil, affaibli d'ardeur et de lumière,
Languissait désormais au bout de sa carrière,
Précipitait son cours vers le bas horizon,
Et s'allait renfermer dans sa moite prison.
  Il restait peu de jour, mais la Fille céleste,
Veut détruire Bedford dans le jour qui lui reste,
Traverse le grand fleuve, avec le fort Dunois,
Et chacun d'eux s'anime à de nouveaux exploits.
Ils couraient aux réduits vides et sans défense,
Et préparaient contre eux une vaine vaillance,

Quand de soldats anglais et d'anglais étendards,
Ils découvrent les champs couverts de toutes parts.
Tous d'eux à cet objet sont transportés de joie,
Et, comme deux aiglons qui découvrent leur proie,
Au vaste sein de l'air, loin de l'abri des bois ;
Tous deux prennent leur course et fondent sur « l'Anglois ».
 Mais les tristes démons, au bruit de la tempête,
Qui gronde sur Bedford et menace sa tête,
Ne pouvant se résoudre à le laisser périr,
Pour la seconde fois, le viennent secourir.
Des plus sombres vapeurs de l'infernale plage,
Ils forment à l'instant un ténébreux nuage.
Et, de son épaisseur, environnant Bedford,
Le cachent à la Sainte et l'ôtent à la mort.
Elle veut toutefois poursuivre sa victoire,
Et s'élançant d'ardeur, où l'ombre est la plus noire,
Eclate, brille, et semble un soleil qui reluit,
Et qui chasse, à longs traits, les horreurs de la nuit.
 Déjà par ses efforts la nue était percée,
Et sur les derniers rangs la charge commencée ;
La Sainte avait déjà son grand bras déployé,
Et Bedfort était près d'en être foudroyé,
Lorsqu'après la nuit fausse, une nuit véritable
Vint aux fuyards tremblants se montrer secourable ;
Si son voile eut plus tard le monde enveloppé,
Du fer victorieux nul ne fut échappé.
Qui deçà, qui delà, sans ordre et sans conduite,
D'une épouvante égale ils prennent tous la fuite,

Les uns courent vers Meun, les autres vers Jargeau ;
La campagne en est pleine et la rive de l'eau (1).
    Ainsi lorsqu'un milan, de pénétrante vue,
Tombe à plomb, tout à coup, du milieu d'une nue,
Et fond dans un grand lac, où les vagues poissons
Eprouvent rarement le fer des hameçons ;
Si d'un brouillard soudain l'onde couvre sa face,
Aux peuples écaillés il donne en vain la chasse,
Et le troupeau muet, par la crainte écarté,
Dans les roseaux touffus cherche sa sûreté.
    D'une éclatante voix, la Sainte, à chaque bande,
Vers le mur affranchi, la retraite commande,
Et son autorité modérant leur chaleur,
Au plus fort de leur course, arrête leur valeur.
Elle ordonne cent feux, pour témoins de sa joie ;
Leur flamme en crépitant vers les astres ondoie ;
La nuit s'en illumine et son obscurité
Se dissipe aux rayons de ce jour emprunté.
Le camp vole à la proie et ses mains triomphantes
Recueillent des vaincus les dépouilles sanglantes ;
Puis, sur le tour égal d'un cercle spacieux,
De mille grands harnais revêtent mille pieux.
Dans le milieu du cercle, ensuite l'on entasse
Pique sur javelot, cuirasse sur cuirasse,

---

(1) « S'ensauvèrent et deslogèrent si hautement, » écrivait peu après Charles VII, aux habitants de Narbonne, qu'ils laissèrent leurs bombardes, canons, artillerie et la plupart de leurs vivres et bagages.

Magnifique trophée et sacré monument
Dressé par la Pucelle au roi du firmament.
Après ce beau travail, la Guerrière modeste,
Brûlant d'un feu dévot et d'un zèle céleste,
Monte sur le trophée, et, sa voix renforçant,
Au camp parle en ces mots, d'un ton grave et puissant.
 — Bénissez, compagnons, la sainte Providence,
Qui, d'un œil pitoyable, a regardé la France,
Et qui, sous ces remparts, domptant vos ennemis,
A, dans les champs français, les lys d'or affermis.
C'est par son ordre seul, que l'injuste Angleterre
A senti cet effroi d'une nouvelle guerre;
C'est elle, dont la force a poussé tous nos dards,
Et dans tous ces réduits planté nos étendards.
Qu'étais-je? qu'étiez-vous? pour tenter l'entreprise,
Qui de ces murs tremblants a sauvé la franchise?
Quelles étaient nos mains, et quels étaient nos cœurs,
Pour ravir aux Anglais le titre de vainqueur?
Cet innombrable camp dont ils couvraient la plaine,
Etait insurmontable à la puissance humaine;
Les cieux seuls, à sa force, étaient à redouter,
Et ce n'est qu'eux aussi, qui l'ont pu surmonter.
Au seul Dieu souverain tout l'honneur s'en doit rendre,
Ou si dans ce succès nous pouvons rien prétendre,
C'est l'honneur d'être élus, parmi tant de guerriers,
Pour cueillir, en son nom, de si fameux lauriers.
Cette grâce, pour nous, est une insigne grâce,
Ainsi que notre espoir, nos désirs, elle passe;

CHANT TROISIÈME.

Et toutefois, encor ce rare évènement
N'est de notre bonheur que le commencement.
Nous allons bientôt voir la Beauce reconquise,
Bientôt voir la Bourgogne en liberté remise,
Bientôt voir la Champagne et les saints murs de Reims,
Resoumis à leur roi, par l'effort de nos mains.
Vos yeux verront enfin le trône de vos princes,
Paris, ce noble chef des françaises provinces,
Par le bras du Seigneur, en ses maux assisté,
Triomphamment sortir de sa captivité.
Louons donc le Très-Haut, qui, par cette victoire,
Ouvre à notre courage un si beau champ de gloire,
Et s'il nous a choisis pour de si grands exploits,
Ne nous témoignons pas indigne de ce choix.
 Tous d'un commun esprit et d'une voix commune,
Rendent grâces au ciel de leur bonne fortune,
Et, sans présumer rien de leur infirmité,
Donnent tout au pouvoir de la divinité.
Pour ses illustres morts, la pieuse Guerrière
Fait mettre, au même lieu, les troupes en prière,
Intercède pour eux, leur impètre la paix,
Et d'éloges choisis couronne leurs hauts faits.
Puis, dans le sein profond de cette terre même,
Qui doit sa délivrance à leur valeur suprême,
Elle veut que leurs corps soient en pompe inhumés,
Et de traits ennemis leurs sépulcres semés.

CHANT QUATRIÈME

Mais Orléans à peine a vu sa délivrance,
Que l'avis incroyable en vole par la France ;
Et le peuple asservi sous le joug étranger,
L'éprouve, à ce bruit seul, plus doux et plus léger.
Par les faits plus qu'humains de la sainte Pucelle,
Dans les cœurs abattus l'espoir se renouvelle,
Et chacun désormais, d'un bras si redouté,
Ainsi que sa vengeance, attend sa liberté.
La seule infortunée et sensible Marie (1)
Ne peut voir par ce bras relever sa patrie ;
Seule elle l'appréhende, et pleine de douleur
Plus que ne fait l'Anglais, l'estime son malheur.

---

(1) Ce personnage, éminemment sympathique, de la princesse Marie ne peut être qu'imaginaire, du moins, suivant la condition où il est présenté. On ne le retrouve nulle part dans les généalogies. A cette époque, d'ailleurs, Dunois était déjà marié, depuis quatre ans, avec Marie Louvet, la fille d'un favori de Charles VII. Il ne pouvait donc pas avoir échangé, depuis, des serments tendant au mariage. Il ne pouvait pas non plus songer encore à Marie d'Harcourt, sa seconde femme, puisqu'il ne l'épousa que dix ans après le

LA PUCELLE. — CHANT QUATRIÈME.

Les superbes rameaux de sa tige natale
Sont unis aux rameaux de la souche royale,
Et non moins florissants, non moins ambitieux,
S'élèvent à l'envi vers la voûte des cieux.
A son port, à son geste, à sa voix, à sa mine,
On la juge d'abord une chose divine,
Et, par l'unique Agnès, le prix de la beauté
Lui peut être ici-bas justement disputé.
Sur son front découvert, tranquille et sans nuage,
En deux torrents égaux sa tresse se partage,
Et ses cheveux châtains, en boucles annelés,
Flottent négligemment sur son col avalés.
Dans l'ouverte prison de ses blanches paupières,
Deux soleils animés renferment leurs lumières,
Et, parmi les éclats de leurs feux violents,
Conservent la douceur à leurs rayons brûlants.
Un air grave, mais doux, règne en tout son visage,
Rien ne se voit en lui, que riant et que sage,
Et l'on trouve mêlés, en chacun de ses traits,
Cent attraits inconnus, et cent charmes secrets.
Mais, comme en toute chose elle se montre belle,
Il n'est point de vertus qui ne brillent en elle,

---

siège, en 1439. Maintenant Chapelain aurait-il voulu idéaliser tout autre inclination chez un héros dont la galanterie est restée légendaire? On a souvent chuchoté le nom d'une reine, à l'occasion des amours de Dunois. Serait-ce cette reine — Marie d'Anjou — qui aurait inspiré au poète le portrait de la princesse Marie? Cela n'est pas non plus vraisemblable. Le mieux est donc de conclure que ce gracieux personnage est fait de toutes les *Maries* dont le souvenir est resté attaché à la bannière du héros.

Les cieux en sa faveur prodiguant leurs trésors,
Pour embellir son âme à l'égal de son corps.
 Avant que la Bourgogne, unie à l'Angleterre,
Eût rallumé le feu de cette horrible guerre,
Ses yeux, astres nouveaux de l'empire d'amour,
Même, dès leur lueur, éblouirent la cour.
Leur flamme sut brûler, à l'âge le plus tendre,
De leurs puissants rayons nul ne se put défendre,
Et quiconque aperçut un si divin objet,
N'eut le sein que de roche, ou devint son sujet.
En vain de mille amants elle fut recherchée,
On ne la vit jamais de leurs larmes touchée,
Et, si jamais Paris n'eût vu le grand Dunois,
L'amour en vain sur elle eût vidé son carquois.
Dunois lui ravit seul le titre d'invincible ;
Seul à sa passion la fit être sensible,
Et, sans aucun effort, de sa glace vainqueur,
Put tout seul obtenir d'être roi de son cœur.
 Par le puissant effet de la douce influence,
Qui les avait conjoints, au point de leur naissance,
Pour faire à leurs esprits même feu concevoir,
Il ne leur fallut rien que naître et que se voir.
L'ardeur parut en eux soudaine et mutuelle,
Elle brûla pour lui, comme il brûla pour elle,
Et dans un même instant, par les traits de leurs yeux,
Tous deux furent vaincus, tous deux victorieux.
Tant que dura la paix, on vit leurs jeunes âmes
Nourrir paisiblement leurs légitimes flammes,

Et, sans rien refuser à leurs chastes désirs,
Goûter ce que l'amour a d'innocents plaisirs.
Mais lorsque la discorde, avec toute sa rage,
Vint rallumer la guerre au français héritage,
Et que le champ des lis, en deux parts divisé,
Fut inhumainement à soi-même opposé;
Philippe, rendu maître en la ville maîtresse,
Près de l'antique reine y trouva la princesse,
L'y trouva, le cœur triste et le corps abattu,
Mais soumis l'un et l'autre à l'austère vertu.
Du Bourguignon nièce, et, sans père et sans mère,
Exposée aux travaux, aux soins, à la misère,
De lui seul, contre tout, elle fit son appui,
Et n'eut, dans sa conduite, autre règle que lui.
Ni la vertu pourtant, ni l'étroit parentage,
N'en purent adoucir le barbare courage;
Sa passion l'aigrit, il improuva ses vœux,
Et, non moins que l'Etat, tyrannisa ses feux.

   Soumise à tant de maux, la misérable amante
Conserva son amour, généreuse et constante,
Entretint son brasier de mémoire et d'espoir,
Ne vit plus son amant et l'aima sans le voir.
Cent fois, par le conseil de son amour fidèle,
Elle voulut quitter la muraille rebelle,
Cent fois un frein puissant de crainte et de pudeur
La détourna de croire à la fidèle ardeur.
La pudeur et la crainte, arbitres de son âme,
Rompaient tous les desseins qu'avait formés sa flamme,

Et le sévère honneur faisait que sa raison
Jugeait la liberté pire que la prison.
A de si rudes lois soumise et condamnée,
La princesse en langueur passa plus d'une année,
Et rien ne l'empêcha de mourir sous ces lois,
Que de ne douter point de la foi de Dunois.

 Ainsi quand, aux beaux jours de la saison nouvelle,
Se sent prise au lacet l'amante tourterelle,
Et qu'elle voit son pair, de l'embûche échappé,
Avoir de l'oiseleur l'artifice trompé ;
Seulette elle gémit, elle languit seulette,
Elle hait la clarté, la mort elle souhaite,
Et si rien désormais lui fait souffrir le jour,
C'est de croire son pair fidèle en son amour.

 Non loin du grand Paris, vers la fertile plaine,
Où les flots de l'Yonne enflent ceux de la Seine,
Une épaisse forêt d'arbres hauts et serrés,
Couvre un stérile fonds de sables altérés.
De cerfs et de chevreuils mille troupes sauvages,
Habitent de ses forts les verdoyants ombrages,
Et la terrible dent des fauves sangliers
Brosse dans ses buissons, et tranche ses halliers.
C'est là le lieu fameux des champêtres délices,
Que réservent les rois pour leurs doux exercices ;
Et c'est là que leurs bras ensanglantant leurs traits,
Représentent la guerre au milieu de la paix.

Dans le centre du bois, en un champ solitaire,
Sourd entre les rochers une fontaine claire,
Qui, cavant par son cours un naturel canal,
Roule sur le gravier son liquide cristal.
Ses eaux, quand de leur source elles sont répandues,
Ne semblent pas des eaux, mais des perles fondues,
Avec qui lentement coulent entremêlés,
Des diamants dissous, des saphirs distillés.
C'est un miroir céleste, et jamais l'œil du monde
Ne se trouve si beau que dans cette belle onde;
Elle est vive, elle est pure, et telle est sa beauté,
Que ce bois a son nom d'elle seule emprunté.
De coteaux monstrueux, cette illustre fontaine
Découvre à l'entour d'elle une superbe scène,
De rocs, qui, vers les cieux en pointe s'élevant,
Offrent leur tête nue aux attaques du vent.
A l'effroyable aspect de leur rustique masse,
Le cœur le plus hardi se transit et se glace,
L'œil en refuit l'horreur, et demeure surpris,
De voir un grand désert si près du grand Paris.
Mais un vaste palais d'architecture rare,
Adoucit de ce lieu l'objet rude et barbare,
Et, durant les beaux jours que ramène l'été,
Rend de princes chasseurs le désert fréquenté (1).

---

(1) Le château de Fontainebleau. — Il ne faut pas oublier que c'est de l'ancien qu'il s'agit, celui sur l'emplacement duquel François Iᵉʳ, d'après les plans du Primatice, fit édifier un palais auquel vinrent successivement s'ajouter des constructions portant chacune la

Philippe, mécontent et plein d'inquiétude,
Avait fait sa retraite en cette solitude,
Et, par la solitude aigrissant sa douleur,
Ne pensait qu'aux moyens de venger son malheur.
La perte d'Orléans tourmentait sa mémoire...
Tel se montre un taureau, plein d'amour et de gloire,
Qu'un autre plus vaillant, jaloux de son bonheur,
A par force privé de maitresse et d'honneur.
Au fond du bois obscur, loin de son pâturage,
Il rumine sa perte et s'enflamme de rage;
Ses desseins sont cruels, contre son fier rival,
Et le lieu solitaire envenime son mal.

Vers le prince irrité, la princesse affligée,
Au bruit de son courroux, s'était soudain rangée,
Et, croyant ce désordre utile à ses désirs,
D'une ombre de plaisir flattait ses déplaisirs.
Elle jugeait qu'alors devaient entrer en guerre
L'orgueilleuse Bourgogne et la fière Angleterre,
Qu'à Charles désormais Philippe se joindrait,
Et que leur union son Dunois lui rendrait.

Son aimable Dunois déjà, dans sa pensée,
La venait consoler de sa langueur passée,
Par les plus doux serments l'assurait de sa foi,
Et lui jurait de vivre et mourir sous sa loi.

---

marque de son époque, et rappelant les règnes de Henri II, Charles IX, Henri IV, Louis XIII et Louis XIV. L'ancien château datait de Robert le Pieux, suivant les uns, de Louis VII disent les autres, de Philippe-Auguste ou bien de saint Louis affirment plusieurs. On ne sait pas au juste.

Son espoir endormi se réveillant en elle,
Fait qu'aux yeux de Dunois elle veut être belle;
Elle redonne l'ordre à ses cheveux épars,
Et rallume le feu dans ses sombres regards.
Elle aiguise les traits, dont l'atteinte agréable
Puisse blesser Dunois d'une plaie incurable,
Et, pour le confirmer à se plaire en ses rets,
Prépare contre lui mille nouveaux attraits.
 Ce jour même, exposant sa beauté sans seconde,
Au tranquille miroir de la source profonde,
Et consultant ses eaux, pour savoir quels appâts
Pouvaient le mieux donner un amoureux trépas;
Elle voit accourir la discrète Yolante (1),
De ses plus chers secrets fidèle confidente,
Et crier : — A ce coup, le grand siége est levé!
Bedford a pris la fuite, et Dunois est sauvé.
Marie, à ce discours, ne peut cacher sa joie,
Le plaisir sur son front aussitôt se déploie,
Et sa riante bouche, et ses yeux éclatants,
Laissent voir à quel point ses esprits sont contents.
 — Il est vrai... — dit Yolante; et là, sans plus rien dire,
Elle baisse la vue et tristement soupire;
Son visage se trouble, et, changeant de couleur,
L'accuse de céler quelque insigne malheur.

---

(1) Libre à Chapelain d'écrire *Yolante*, au lieu de Yolande, un nom qui devait être alors à la mode, puisqu'il était celui de Yolande d'Aragon, veuve de Louis II d'Anjou et mère de Marie d'Anjou, femme de Charles VII.

La princesse en frémit et, confuse et craintive,
N'ose lui commander qu'elle parle et poursuive ;
Puis tout à coup l'en presse, et, la voyant trembler,
Prend de son tremblement sujet de redoubler.
Alors et tout en pleurs : — Il est vrai, lui dit-elle,
Que Dunois, envers vous, passe pour infidèle,
Et que le bruit commun veut qu'en ce changement
D'une simple bergère il se soit fait l'amant.

    Par ces funestes mots la princesse abattue,
Sent au fond de son sein, la douleur qui la tue,
Elle perd force et voix, et le feu de ses yeux
S'éteint et lui ravit la lumière des cieux.
De même le poisson, qu'attire l'apparence,
Vers le morceau flottant, famélique, s'élance,
Et prenant l'hameçon, sous le trompeur appât,
Au lieu de nourriture y trouve le trépas.
Son cœur est impuissant à soutenir sa peine ;
Elle tombe pâmée au bord de la fontaine,
Et, dans cet accident, son immobile corps
N'est dissemblable en rien des mourants et des morts.
Yolante se récrie et se jette sur elle,
A leurs premiers devoirs ses puissances rappelle,
Et par l'eau de la source et celle de ses pleurs,
La ravit à la Parque et la rend aux douleurs.

    — Ah ! lui dit-elle alors d'une voix languissante,
Quel discours m'as-tu fait, inhumaine Yolante ?
Pourquoi venir, hélas ! par de si tristes mots,
Détruire mon espoir et troubler mon repos ?

CHANT QUATRIÈME.

A croire un si grand mal ton âme est trop légère,
La bouche qui l'a dit, sans doute, est mensongère,
Non, non, de l'équité les cieux sont trop amis,
Pour souffrir que Dunois ait ce crime commis.
Mais quoi ? tout est possible ; amante infortunée,
Ainsi de mon amant serais-je abandonnée ?
Ah ! soyons, sans tarder, de ce doute éclaircis,
Et la mort, s'il est vrai, finisse nos soucis !

Là s'arrête Marie, et la morne pensée
Sans se résoudre encore demeure balancée,
Elle craint, elle espère, et craint plus, toutefois,
Qu'elle n'ose espérer de la foi de Dunois.
Mais de son changement la funeste nouvelle,
Se confirme à la fin par un courrier fidèle,
Et la princesse apprend que, d'un divin objet,
L'objet de son amour est devenu sujet.
Elle apprend qu'une sainte et vaillante Bergère,
Vient de le garantir de la force étrangère,
Et qu'étant par ses faits en liberté remis,
A son glorieux joug il a le col soumis.
De ce dernier malheur à ce coup assurée,
Et d'un dépit mortel violemment outrée,
Elle éclate en ces mots ardents et furieux,
Et n'a pour tous témoins qu'Yolante et les cieux.

— Il est donc vrai, dit-elle, amant faux et parjure,
Que tu m'as bien pu faire une si grande injure ?
Donc ce cœur de héros, autrefois si vanté,
Aura pu consentir à cette lâcheté ?

Est-ce ainsi que les maux qu'il a pour toi chéris,
Par ta reconnaissance, à la fin sont guéris ?
J'ai pour toi sur les bras la France et l'Angleterre,
La Bourgogne, pour toi, m'a déclaré la guerre,
Et je me suis, pour toi, fait autant d'ennemis,
Que les traits de mes yeux m'ont de princes soumis.
Ils ont tous vu, pour toi, leurs flammes négligées,
Et sur moi cependant nul ne les a vengées ;
Toi seul, pour qui ma foi produisait leurs travaux,
As puni ton amante et vengé tes rivaux.
Traître, dissimulé, que sous un doux visage
Tu m'as caché longtemps ce barbare courage !
Ton cœur, en mes liens, languissait feintement,
Et, pour me trahir mieux, contrefaisait l'amant.
Mais en brisant mes fers, aveugle volontaire,
De quelle autre beauté te rends-tu tributaire ?
Quelle rare vertu, quelle auguste splendeur
Allume dans ton sein cette nouvelle ardeur ?
Ah ! trop lâche Dunois, une fille champêtre
Est l'illustre beauté, dont les yeux l'ont fait naître ;
C'est elle, dont les yeux ont bien pu t'engager
A dédaigner ma flamme, et la tienne changer !
Pour écarter de toi les tempêtes guerrières,
J'ai conçu mille vœux, j'ai fait mille prières ;
C'est par moi que tu vis, et l'objet de tes feux,
S'il te possède, hélas ! ne te doit qu'à mes vœux.
Les cieux m'ont exaucée, hélas ! pour ma rivale ;
O cieux ! ne gardez plus cette âme déloyale,

CHANT QUATRIÈME.

Laissez l'ingrat en proie à son mauvais destin,
Que des méconnaissants il rencontre la fin;
Qu'en guerre désormais la fortune ennemie
L'accable de malheurs, le couvre d'infamie,
Et que le feu nouveau, dont il est embrasé,
Par ce nouvel objet demeure méprisé !

D'une mortelle peine à ce mot oppressée,
Elle sent, sur son cœur, sa plainte repoussée;
Dans sa gorge, à sa voix elle sent un retien,
Et, pour vouloir trop dire, elle ne dit plus rien.
Tout le reste du jour passe dans le silence,
Sans que de sa fureur cesse la violence;
A la fin, vers la nuit, ce transport véhément,
Laisse régner en elle un plus doux mouvement.

Le devoir d'une fille, et la vertu passée
Reviennent tout à coup s'offrir à sa pensée,
Et son sens moins troublé juge que son ardeur
L'a portée au delà des lois de la pudeur.
Dans son sein ébranlé, l'amoureuse tourmente
Toujours de plus en plus se rend moins violente;
Toujours plus la sagesse, après ce grand travail,
De son sens égaré reprend le gouvernail.
Mais bien que la tempête, ou cesse, ou diminue,
Son âme toutefois en est encore émue,
Et tout ce qu'elle obtient de ses vives douleurs,
C'est de pouvoir se plaindre et répandre des pleurs.
A ses pleurs retenus elle lâche la bonde,
De leur débordement son visage s'inonde,

Son cœur se sent, par eux, allégé d'un grand poids,
Et sa langue muette en recouvre la voix.
 Alors de son beau sein tristement elle tire
Le portrait du cruel, qui cause son martyre ;
Gage autrefois donné d'un amour éternel,
Maintenant devenu perfide et criminel.
De nœuds de diamants, et de chaînes dorées,
Il avait les deux mains étroitement serrées,
De chaînes et de nœuds son col était pressé,
Et le nom de Marie y brillait enlacé.
Fixe elle l'envisage, et longtemps considère
Ce glorieux captif, cette tête si chére,
Attache à cet objet ses regards languissants,
Et d'une douce erreur laisse abuser ses sens.
Dans le trouble, où la tient son ardeur enflammée,
Voyant au naturel cette image exprimée,
Elle croit voir présent l'auteur de son ennui,
Et, parlant au portrait, pense parler à lui.
 — Ces liens, lui dit-elle, amant faible et volage,
T'engageaient à me rendre un éternel hommage,
Rien ne les devait rompre, et tu les romps pourtant ;
Une autre t'asservit, et te rend inconstant.
Une autre, mais quelle autre ? Ah ! guerrier sans courage,
Préférer à mes fers cet infâme servage !...
Qui l'eût jamais pu croire ? — A ces mots soupirant,
De pleurs, sur le portrait, elle verse un torrent.
Mais au milieu des mots, dont son âme est pressée,
L'amour ingénieux vient flatter sa pensée,

Et, par un beau retour, tâche à lui faire voir
Reluire en ce malheur quelque rayon d'espoir.
 — Qui sait, dit-elle, ingrat, si ta flamme nouvelle
T'a soumis tout entier au joug de la Pucelle ?
Et qui sait si ton cœur, à mon cœur attaché,
A pu dans cet effort m'être tout arraché ?
Non, tu ne m'as pu faire un si barbare outrage !
Ton cœur, bien que changé, garde encor mon image ;
Le feu qui l'enflamma n'est pas encore mort,
Il se peut rallumer, plus ardent et plus fort.
J'espère encore en toi, parce que je t'estime ;
Tu n'as pas un esprit à se souiller d'un crime,
Tu conçois la raison, tu chéris l'équité,
Et n'as rien en horreur comme la lâcheté.
Excite ta vertu, romps les indignes chaînes
Qu'autant qu'à mon dommage, à ta honte tu traînes ;
Sois juste envers Marie, et rends à ses liens,
Ton cœur, son fugitif, le plus grand de ses biens !
 La princesse, à ces mots, finit sa plainte amère ;
Yolante, qui l'écoute, et qui voit qu'elle espère,
Veut espérer aussi que le cœur de Dunois
Ne sera pas en tout affranchi de ses lois.
Elle veut croire au moins qu'un vigoureux langage
Peut, dans ses premiers fers, rengager le volage,
Et, par cette croyance allégeant son ennui,
A Marie, en ces mots, offre d'aller vers lui.
 — Donnez soulagement à votre âme oppressée ;
Je viens de concevoir une noble pensée,

Une entreprise haute, et qui peut succéder,
Si par mon zèle ardent vous vous laissez guider.
Il faut qu'avant le jour, en homme déguisée,
Du camp victorieux je prenne la brisée,
Et que, me présentant à ce cher ennemi,
Je réveille pour vous son amour endormi.
Je sais l'art de fléchir ce superbe courage,
Je sais ce qui l'émeut, je sais ce qui l'engage,
Ma liberté lui plait, et mes fermes discours
A tout ce que je veux le disposent toujours.
Souffrez que, pour un peu, je m'éloigne et vous quitte,
De tenter ce projet ma foi me sollicite ;
Vous ne hasardez rien, souffrez-le seulement,
Et n'attendez de moi que du contentement.
 D'un dessein si hardi la princesse offensée,
D'Yolante, d'abord, rejette la pensée,
Mais son cœur amoureux d'espérance flatté,
A la seconde fois, est par elle emporté.
Elle s'y détermine : — Va, je me rends, dit-elle,
Aux puissantes raisons que t'inspire ton zèle ;
Je n'espère qu'en lui, dans mon âpre douleur,
Et veux seul l'opposer aux traits de mon malheur.
Je ne te prescris rien ; seule tu peux élire,
Et ce qu'il faudra faire, et ce qu'il faudra dire ;
Seule je t'établis maîtresse de mon sort,
Et remets, en tes mains, et ma vie, et ma mort.
Va donc, et, sans tarder, à partir te prépare.
 Pour s'aller travestir la fille se sépare,

La princesse qui souffre et ne peut reposer,
Par le portrait chéri fait sa peine amuser.
La nuit en cet état se coule tout entière ;
Elle aperçoit enfin le ciel gros de lumière,
Et partout désormais l'horizon blanchissant
Sous les premiers rayons du soleil renaissant.
Vers elle, en habit d'homme, alors vient Yolante,
Presse, pour son envoi, la malheureuse amante,
Et dit qu'avant six jours, cet esclave léger
Pour jamais à ses pieds reviendra se ranger.
 —Pars donc, répond Marie, et trouve ce volage,
Présente à ses regards cette amoureuse image (1) ;
A ton ferme discours, joins sa muette voix,
Et que Dunois te serve à me rendre Dunois.
Pars, et pour mieux agir, songe que je te fie
L'espoir de mon repos, et celui de ma vie ;
Parle avec tant d'adresse, avec tant de bonheur
Que je paraisse amante et conserve l'honneur.
  La fille, sur ce mot, à ses genoux se baisse,
Lui prend sa belle main, la baise, puis la laisse,
Et, traversant du bois la plus sombre épaisseur,
Commence son voyage et le poursuit sans peur.

  Mais, dans les forts conquis, la triomphante armée
A peine est par ses chefs éparse et renfermée,

---

(1) Le portrait.

Que la sainte aussitôt va, d'un rapide cours,
Annoncer à son roi l'effet du saint secours.
Elle veut l'informer, et par sa bouche même,
Des exploits dont l'éclat lui rend le diadème,
Et veut, de vive voix, le presser ardemment,
De s'apprêter au sacre, et d'armer puissamment.
Pour ces nobles desseins, les troupes elle quitte,
Et soudain vers le roi sa course précipite ;
Rodolphe l'accompagne, et dans moins de deux jours,
Le sourcilleux Chinon les voit entre ses tours.
Là, le prince elle aborde et de zèle remplie :
— J'ai, dit-elle, ô grand roi, ma promesse accomplie ;
Les cieux ont par ce bras et le bras de Dunois,
Garanti ta cité des étrangères lois.
La justice des cieux, sur l'injuste Angleterre,
Par nos fragiles mains, a lancé le tonnerre,
Voici de ton bonheur le retour arrivé,
Bedford a pris la fuite, Orléans est sauvé.
Mais c'est peu qu'Orléans soit remis en franchise,
Plus loin que son salut s'étend notre entreprise,
Ce coup n'est que l'essai d'un plus heureux destin,
Qu'il nous faut constamment pousser jusqu'à la fin.
Nous devons, au travers des terres usurpées,
Faire par notre cœur passage à nos épées,
Sans donner paix, ni trêve à nos vaillantes mains,
Que l'onction des cieux ne t'ait sacré dans Reims (1).

---

(1) Charles avait été couronné roi, mais, aux yeux des populations

Cet honneur te manquant, à peine tes provinces
T'osent-elles compter au nombre de leurs princes ;
Ton règne, sans le sacre, est un règne imparfait,
Et sans lui le tyran ne peut être défait.
Ainsi, pour l'obtenir, excite ton courage,
Excite tes soldats à ce divin ouvrage,
Mets le feu dans leurs cœurs, hâte leur partement,
Et n'appréhende rien que le retardement.
Mais, pour ce grand projet, que ta plaine est déserte !
Elle, qui d'escadrons devrait être couverte :
Ah ! par de nouveaux soins, et de nouveaux courriers,
Répare la lenteur de tes apprêts guerriers !

 Charles hors de lui-même, à la grande nouvelle,
Redouble son respect, pour l'illustre Pucelle,
Et dit : — Fille admirable, en ton bras redouté,
J'adore le pouvoir de la Divinité.
Orléans secouru, les Anglais mis en fuite,
Font trop voir à mes yeux la céleste conduite,
Ce miracle évident prouve trop désormais,
Que le Dieu des combats est l'auteur de tes faits.
Mon espoir, je l'avoue, ô généreuse Sainte,
S'est trouvé jusqu'ici balancé par ma crainte ;
Avant ce haut succès, j'ai bien pu croire en toi,
Mais je n'avais encor qu'une tremblante foi.
Maintenant je crois tout, et je veux tout attendre,
Du bras par qui le ciel est venu me défendre ;

---

d'alors, le sacre était la seule onction capable d'établir indissolublement
le prestige royal.

Je suis prêt à le suivre et à le seconder,
Hasarder tout sous lui, ce n'est rien hasarder.
J'irai seul, si tu veux, ou si tu me demandes,
Que je joigne à ton bras ceux de toutes mes bandes,
Dans moins de dix soleils, tu verras tout ce champ
Caché sous les drapeaux d'un innombrable camp.
Attends donc en ces murs cette vaste puissance,
Qui doit aider la tienne à délivrer la France ;
Laisse-nous, dans tes yeux, charmer un peu nos maux,
Et respire un moment, après tant de travaux (1).
— Non, prince belliqueux, lui repart la Guerrière,
Je ne dois reposer qu'au bout de la carrière ;
Je ne puis dans mon cours un instant m'arrêter,
C'est un ordre d'en haut, qu'il faut exécuter.
Tandis que, de cent lieux, en ce lieu tu ramasses
Le camp qui doit vers Reims, suivre tes nobles traces,
Jargeau, Meun, Baugency, retraite des fuyards,
Par mes mains à tes lois soumettront leurs remparts.

---

(1) Gui de Laval, auteur des *Lettres*, raconte avoir vu Jeanne à cette époque, pour la première fois. Elle était allée à Selles et devait partir pour Romorantin : « Et la vit, dit-il, monter à cheval, armée et tout en blanc, sauf la tête, une hache en sa main, sur un grand coursier noir, qui à l'huis de son logis se démenait très fort et ne souffroit qu'elle montât, et lors elle dit : « Menez-le à la croix, » qui était devant l'église, auprès du chemin. Et lors elle monta, sans qu'il se mût, comme s'il se fût lié. Et lors, Jeanne se tourna vers l'huis de l'église qui était prochain, et dit en assez bonne voix de femme : « Vous prêtres et gens d'églises, faites procession et prières à Dieu ». Et lors se retourna à son chemin en disant : « Tirez avant, tirez avant, » son étendard ployé que portait un gracieux page, et avait sa hache petite à la main. »

CHANT QUATRIÈME.

Le rameau le plus grand de la royale souche,
Alençon, dont l'orgueil rend la vertu farouche,
Bouillant, ambitieux, ennemi du repos,
De la Fille et du Prince entendit les propos,
Mais, de la Sainte Fille retenant le langage,
Il sentit d'un feu saint enflammer son courage,
Se soumit à son joug et voulut désormais,
Prendre part à l'honneur de ses illustres faits.
Humblement il l'approche, humblement il la prie
De souffrir qu'avec elle il serve sa Patrie;
La Guerrière l'agrée, et le Roi l'approuvant,
Ils partent et leur vol prévient celui du vent (1).

Cependant Yolante, en homme déguisée,
Par les champs découverts de la Beauce embrasée,
Vient aux murs délivrés et, sur un boulevard,
Voit Dunois, qui pensif se promène à l'écart.
Seul, d'abord, à ses yeux la fortune le montre,
Elle tient à miracle une telle rencontre,
En tire un bon augure et flattant son ennui,
Au Prince se découvre et s'avance vers lui.

---

(1) D'Alençon, Jean II, surnommé le Beau, avait hérité le duché d'Alençon en 1415, à l'âge de six ans. Fait prisonnier à la bataille de Verneuil, il venait de se libérer de sa rançon au prix des plus gros sacrifices. C'est lui qui eut le commandement de la petite armée que le roi mit, en cette circonstance, à la disposition de Jeanne pour enlever aux Anglais leurs dernières positions sur la Loire.

Il reconnaît Yolante et ne peut à sa vue
Cacher le mouvement dont son âme est émue,
Il rougit, il pâlit... Elle s'en aperçoit,
Et d'un succès heureux, l'espérance conçoit.
Au guerrier étonné, feignant de l'ignorance
Du tort qu'à sa maîtresse a fait son inconstance,
Elle tient dans son cœur son déplaisir enclos,
Lui sourit, le va joindre et lui parle en ces mots :
— Je viens, parfait amant, des lieux où ta princesse
A passé, loin de toi, ses beaux jours en tristesse,
Non, pour te reprocher, les maux que, dans les fers,
Sous l'anglaise insolence, elle a pour toi soufferts;
Son amour est trop noble et ta gloire sublime
Allume, dans son sein, un feu trop magnanime,
Pour permettre à sa voix, même dans le trépas,
De se plaindre des maux que tu ne souffres pas.
Du bonheur que le ciel à tes armes envoie,
Je viens t'apprendre ici sa véritable joie,
Et te dire qu'enfin s'approche l'heureux temps,
Où tes pudiques vœux doivent être contents.
Tu n'as plus d'ennemis, puisque Bedford lui-même,
Sans ressource est tombé sous ta valeur suprême ;
Et Philippe d'ailleurs, au gré de tes désirs,
Semble avoir oublié ses cuisants déplaisirs.
Ton cœur ne voit plus rien qui sa flamme importune,
Tu touches de la main à ta bonne fortune,
Il ne tiendra qu'à toi d'aspirer désormais
A l'accomplissement de tes chastes souhaits.

CHANT QUATRIÈME.

C'est ce que ta princesse et ta chère espérance,
Est pressée d'accorder à ta persévérance,
Sans que l'injuste bruit, qui te nomme inconstant,
Près d'elle t'ait fait tort, non pas même un instant.
Après cent et cent vœux de n'estimer rien qu'elle,
Elle sait que ta foi ne peut être infidèle,
Et ne croira jamais qu'aucune autre beauté
Ait pu, dans ses liens, prendre ta liberté ;
Bien moins une Bergère, un prodige d'audace,
Dont l'effort, je le veux, a sauvé cette place,
Mais qui, par sa bassesse, est mal propre à pouvoir
Forcer ton grand courage à trahir son devoir.

Durant tout ce discours, la fille accorte et sage,
D'un regard attentif, le guerrier envisage,
Et voit dans son teint pâle et dans ses yeux ardents,
De sa confusion les signes évidents.
Elle voit sur son front, elle voit en sa vue
Cent divers mouvements d'une âme irrésolue ;
Elle le voit qui tremble et d'un tacite aveu,
Confesse que son sein brûle d'un nouveau feu.

— Pardon, enfin, dit-il, pardon, chère Yolante,
Si ma voix est craintive et ma parole lente ;
J'ai balancé longtemps et me suis vu tenté,
D'ajouter la feintise à la légèreté.
Mais si, par le défaut de l'humaine faiblesse,
J'ai bien pu faire injure à ma belle princesse,
Je n'ai pu, ni voulu, d'un silence insolent,
Accroître mon offense en la dissimulant.

J'ai failli, je l'avoue, et j'ai pu dans mon âme,
Allumer pour une autre une amoureuse flamme,
Je me suis laissé prendre, et l'objet qui m'a pris
Est celui que tu crois si digne de mépris.
J'ai failli, mais, crois-moi, la faute est pardonnable,
A la considérer d'un esprit équitable ;
J'aime ces deux objets, et sans être changé,
Mon amour seulement entre eux est partagé.
Crois-moi, si de Dunois, tu peux jamais rien croire,
Ma princesse a toujours sa place en ma mémoire ;
Tout captif que je suis de ce nouveau vainqueur,
Elle possède encor la moitié de mon cœur.

Yolante, à ces mots, perd toute retenue,
Et ne peut endurer que Dunois continue ;
De sa faible défense, elle interrompt le cours,
Le regarde en fureur et lui tient ce discours :

— Il est donc vrai, perfide, et c'est ta bouche même
Qui, contre ton honneur, profère ce blasphème !
Tu manques à Marie et tu la peux laisser ;
Ah ! c'était une faute à ne point confesser !
Mais de mille raisons tu colores ton crime ;
Marie, en ton esprit, conserve son estime,
Tu lui gardes encor la moitié de ta foi ;
O grand effort d'amour, qui n'appartient qu'à toi !
O grand cœur de Dunois, le plus grand de la terre
Qui, sans peine, en lui seul, deux grands amours enserre !
Cœur adroit, qui dans soi, par des moyens aisés,
Peut seul unir en paix deux amours opposés !

CHANT QUATRIÈME.

Non, non, n'allègue point ces excuses frivoles,
Il n'est plus temps de croire à tes vaines paroles,
Ton esprit est trompeur, tes discours superflus,
Nous te crûmes jadis, nous ne te croyons plus.
Oh! que par le transport d'une ardeur déréglée,
La raison des humains est souvent aveuglée,
Que le vice est peu sage, et que facilement,
En suivant sa conduite on perd le jugement!
Ne recours point, Dunois, à ces mauvaises ruses;
Te pensant excuser, toi-même tu t'accuses;
Entre ces deux objets te dire partagé,
C'est dire qu'au premier tu n'es plus engagé.
De ces deux, ô cruel, pèse bien les mérites;
Vois celui que tu prends, vois celui que tu quittes;
Connais quel est leur prix et quel est ton devoir.
Mais je te presse en vain de connaître et de voir...
Par la folle valeur de l'illustre Effrontée,
Ton esprit est charmé, ta vue est enchantée;
Et qui sait même encor, si, pour t'en rendre amant,
Elle n'a point usé d'un pire enchantement?
Je crains avec sujet que ces superbes armes
Ne cachent, pour ton mal, quelques magiques charmes;
Je crains un sortilège à ta vertu fatal;
Sais-tu quel est l'endroit d'où t'es venu ce mal?
Sous un visage humain, une noire Furie,
A ravi ton amour à l'amour de Marie;
La Sorcière a sur toi fait ce puissant effort,
Et tout ton changement n'est que l'effet d'un sort.

Enivrant ton esprit d'un amoureux breuvage,
De la droite raison, elle t'ôte l'usage,
Et ton sens désormais, ne discernant plus rien,
Prend le bien pour le mal et le mal pour le bien.
Quitter une princesse et suivre une Bergère !
En la place d'un ange, élire une Mégère !
Un cœur si magnanime, un esprit si parfait,
De son mouvement seul ne l'aurait jamais fait !

   Le prince se rassure à cette voix accorte,
Et se montre agité d'une peine moins forte ;
Yolante l'observe, et de ce changement,
Juge à son avantage et suit adroitement :

   — Mais, soit crime ou malheur, sortilége ou faiblesse,
Qui t'ait mis sous le joug de cette autre maitresse,
Ce joug est trop indigne et le brave Dunois
Ne peut être sans honte asservi sous ces lois.
Sus donc, affranchis-toi de cette servitude,
Qui mêle en toi l'opprobre avec l'ingratitude,
Brise ces derniers fers, infâmes, odieux,
Et reprends les premiers, justes et glorieux,
Rentre dans la prison de cette infortunée,
Qu'à souffrir, pour toi seul, les cieux ont condamnée,
Et qui, dans ses plus longs et plus âpres tourments,
T'a toujours conservé ses plus chers sentiments.
Artus et Lionnel (1), que je nomme entre mille,
Pour eux, l'ont éprouvée à l'amour indocile,

---

(1) Artus : le connétable Arthur de Richemont. — Lionnel : le fils de Talbot.

CHANT QUATRIÈME.

Et, quoi que la fortune ait su lui présenter,
Pour te manquer de foi, rien ne la put tenter.
Pour lui manquer de foi, cœur rempli de faiblesse,
Tu t'es laissé tenter; et par quelle maitresse !
    Dunois, à ce reproche amer et furieux,
D'un nuage nouveau se recouvre les yeux.
La fille s'aperçoit que son projet s'avance,
Et poursuit, en ces mots, avec plus d'espérance ;
    — Non, ne te trouble point, sois sans crainte, c'est moi,
Moi seule, qui te blâme, et doute de ta foi.
Oui, c'est moi toute seule, et non pas ton amante,
Qui croit ta passion, et fidèle et confiante,
Et dément les avis, qui devant sa bonté,
T'accusent d'inconstance et d'infidélité.
Ce miracle d'amour, pour ta bonne fortune,
Combat, en ta faveur, la créance commune,
Et te croit bien plutôt semblable à ce portrait,
Que tel que je te trouve et que le bruit te fait.
Elle te croit encor lié de cette chaine,
Elle se croit encor ta maitresse et ta reine,
Elle croit du vrai bruit le témoignage vain,
Et t'en donne, ici même, un gage de sa main.
    Yolante, à ce mot, le portrait lui présente ;
Le prince le reçoit, mais d'une main tremblante,
En tremblant le regarde, et dans son action,
De son coupable cœur fait voir l'émotion.
Son cœur, à cet objet, plus que devant se trouble ;
La rougeur sur son front s'accroit et se redouble ;

Mais un plus grand désordre agite ses esprits,
Lorsqu'il voit, au-dessous, ces quatre vers écrits :

« *Dis ce que tu voudras, trompeuse renommée,*
Seule, de mon amant, je suis toujours aimée;
Nulle autre dans ses fers ne le tient engagé,
Et ce n'est que des miens qu'il peut être chargé. »

D'abord il reconnaît les charmants caractères,
Qui servirent jadis aux amoureux mystères,
Et poussé d'un instinct, qu'il ne peut maîtriser,
Sur chacun d'eux imprime un amoureux baiser.
Sa vieille passion lui fait cette surprise;
A chaque mot qu'il lit son brasier se rattise,
Chaque trait le reblesse, et d'instant en instant,
Ramène à son devoir son esprit inconstant.
La fille le remarque, et de sa repentance
Concevait désormais une ferme espérance,
En faisait voir sa joie et se sentait flatter
De celle qu'à Marie elle croyait porter.
Quand la Sainte, en ce lieu, sur ce moment, arrive,
Et d'un clin de ses yeux d'espérance la prive;
Le prince, quoi que d'elle à-demi diverti,
A peine la revoit qu'il reprend son parti.
Il allait sur le champ satisfaire à Marie,
Mais, voyant la Guerrière, aussitôt il s'écrie :
— Yolante, j'ai tort, je ne m'en défends pas;
Mon crime, ou mon erreur, mérite cent trépas,

CHANT QUATRIÈME.

Tu m'avais convaincu, je voulais te complaire,
Cet objet (1) m'en détourne, et m'engage au contraire;
Le droit et la raison cèdent à son pouvoir,
Il le fallait voir moins, pour suivre son devoir.
Pardonne à la fureur qui m'enflamme et m'agite (2)...
— Je l'ai vu, je le suis! — Il finit, et la quitte.
   Yolante confuse, et pleine de douleur,
Retourne à la princesse, et pleure son malheur.
Elle arrive près d'elle, et plus morte que vive,
En lui voulant parler, sent sa langue captive,
Sent étouffer sa voix par son mal violent,
Mais, bien que sans parler, son silence est parlant.
Des yeux seuls, la princesse entend ce qu'il veut dire,
Elle y voit prononcé l'arrêt de son martyre,
Elle y voit clairement son amour rejeté,
Et dans d'autres liens son amant arrêté.
L'excessive grandeur de sa peine enflammée,
Ne peut être assez bien, par sa voix, exprimée,
Son cœur, dans ses replis, en retient les éclats,
Et croit se plaindre mieux de ne se plaindre pas.
Sur le bord de son lit, plus qu'à demi couchée,
Et l'immobile vue à la terre attachée,
Elle paraît un corps, autrefois animé,
Qu'un puissant déplaisir en roche a transformé.

---

(1) Cet *objet*, c'est-à-dire Jeanne qui vient d'intervenir.
(2) *Fureur*. Le mot *Fureur* est pris ici dans le sens de passion.

Ses beaux yeux, où l'amour avait mis tous ses charmes,
Ne sont plus désormais que deux sources de larmes,
Qui, d'un flux éternel coulant amèrement,
Au défaut de la voix, expliquent son tourment.
Yolante l'accompagne en ses larmes amères,
Et, pour la soulager, partage ses misères ;
Elles pleurent sans cesse, et le cours de leurs pleurs,
Loin d'adoucir leur peine, en accroît les douleurs.

Cependant la Guerrière accourant au volage :
— Aux armes, lui dit-elle, achevons notre ouvrage,
Ce peuple, ces remparts, ne sont francs qu'à demi,
Si la Loire est encor sous le joug ennemi.
Au-dessus, au-dessous, son onde assujettie
Demande que sa chaîne enfin soit ralentie,
Et tient à déshonneur, que, sous des fugitifs,
Ses flots impérieux roulent toujours captifs.
Jargeau, Meun, Baugency, conjurent nos courages
D'aller, de leurs tyrans, nettoyer leurs rivages ;
Pour terrasser l'Anglais faible et désespéré,
Le Français triomphant n'a que trop respiré.
Pour forcer sa faiblesse en ces murs renfermée,
Attendraient-ils les bras de la royale armée,
Eux qui, par leurs bras seuls et par leurs seuls efforts,
Ont pris si vaillamment ses imprenables forts ?
Prévenons sa venue, et hâtons la victoire,
Empêchons sa valeur d'offusquer notre gloire ;

Et que seul, avec nous, entre tous ses guerriers,
Le vaillant Alençon partage nos lauriers.
   Alençon, à ses mots, s'incline et la révère;
Dunois ne répond rien, mais s'apprête à bien faire,
L'esprit inquiété, par un jaloux soupçon,
D'avoir en son amour pour rival Alençon.
En chacun des quartiers à l'instant même il passe;
Il fait dès lors à tous endosser la cuirasse,
Et recommande aux chefs, qu'au point du jour suivant,
Leurs corps mettent, partout, les étendards au vent.
   Le soleil cependant se rallume et se lève;
Le camp de tous les forts s'assemble sur la grève,
Et la Loire tranquille, en ses humides bords,
De cent corps différents voit assembler un corps.
A détruire l'Anglais chaque troupe s'excite,
L'éclatante trompette au départ les invite,
Et tous, d'un même temps, contre le cours de l'eau,
Marchent, après la Sainte, aux remparts de Jargeau,
Un escadron s'avance, et sous la forte place,
Pousse les ennemis et leur donne la chasse;
Suffolk son défenseur, ménageant ses efforts,
Evite le combat et quitte les dehors.
Il met, en son mur seul, toute son espérance,
Il tient sur tout le mur ses drapeaux en défense,
Il couronne ses tours, et d'archers, et de traits,
Et cache ses créneaux sous des piles de « grais ».
   Ainsi le laboureur qui, le long d'un rivage,
Sillonne, aux jours d'hiver, son fertile héritage,

Si du faible torrent le bouillon élevé
S'avance pour couvrir ce qu'il a cultivé,
Sans attendre le flot, qui déjà court la plaine,
De ses bœufs découplés l'attelage il ramène,
Gagne son toit rustique, et là se renfermant,
Oppose sa muraille au prompt débordement.

Ensuite vient l'armée, et sans trouble, et sans peine,
Non loin des boulevards se loge sur l'arène,
Ouvre plus d'un travail dans le sable mouvant,
Les mène, à droite, à gauche, et toujours en avant.
Avec des pieux fichés, et des planches couchées,
Elle soutient partout ses mobiles tranchées ;
Les pics cavent le champ, et les pelles soudain,
Du côté des remparts rejettent le terrain.
Même pendant la nuit, l'ouvrage continue,
A l'œil, de plus en plus, l'espace diminue,
Et, devant que le jour soit deux fois effacé,
En chacun des travaux on perce le fossé.
Puis on cherche en tous lieux, à l'aide de la sonde,
Quels ont le fond plus ferme, et l'eau la plus profonde
Et roulant de grands sacs, pleins de menus cailloux,
A la hauteur du reste, on en comble les trous.
Des taillis abattus on y joint le branchage ;
L'un et l'autre affermit le tremblant marécage,
Et, pour tenter l'assaut, le soldat valeureux
N'y trouve plus de bourbe, et n'y sent plus de creux.

Mais, bien que tout soit prêt, la paresseuse aurore
Aux portes d'Orient ne paraît point encore,

CHANT QUATRIÈME.

ombre couvre toujours le dormant univers,
ne fait qu'un aspect de tant d'aspects divers.
ençon plein d'ardeur conjure la Pucelle,
souffrir qu'à la place il dresse son échelle;
unois l'en importune, outré de déplaisir
u'Alençon le premier ait montré ce désir.
pense voir en lui naître la même flamme,
ue les yeux de la Sainte ont produite en son âme,
son esprit jaloux, ne saurait, sans douleur,
oir, en un tel rival, ces marques de valeur.
ulouces, Archambaud, Termes et Villandrade,
pressent à l'envi d'ordonner l'escalade;
irême, Châteaubrun, Amador et Paumi,
ême sans son congé, vont chercher l'ennemi,
ais par ces graves mots la Sainte les réprime :
— Invincibles guerriers, jeunesse magnanime,
aîtrisez ce transport et suspendez un peu
s exploits qu'à vos mains promet un si beau feu.
uand vous ne craindriez point de ternir votre gloire,
e remportant ici qu'une obscure victoire,
roiriez-vous le pouvoir, durant l'air ténébreux ?
e comptez-vous pour rien ces boulevards affreux ?
errière eux l'étranger veille en pleine assurance,
est leur défenseur, comme ils sont sa défense,
ançais, avant le jour les vouloir écheler,
'est vouloir aux Anglais sa valeur immoler.
Au fort de leur chaleur, ces remontrances sages
odèrent les bouillons de leurs mâles courages;

Xaintrailles et Gaucourt, de tous les vieux suivis,
D'une commune voix approuvent cet avis.
On attend la lumière, et durant cette attente,
La Guerrière dispose une attaque prudente;
L'autre vole en tous lieux, et marque les endroits
Par où chaque drapeau doit assaillir « l'Anglois »,—
Le feu de l'aube enfin, se dégageant de l'onde,
Commence à reblanchir les ténèbres du Monde;
L'ombre se décolore et se désépaissit,
Et d'instant en instant l'horizon s'éclaircit.
— Il est temps désormais, dit alors la Pucelle,
Allez cueillir la palme au sommet de l'échelle;
Le ciel vous la promet, si votre brave cœur,
Ici, comme partout, veut bien être vainqueur.
Soudain, aux boulevards, tous vont porter la guerre,
Par les chemins creusés, par l'areneuse terre;
Les premiers sont choisis entre les cavaliers,
Et s'avancent de front sous de fiers boucliers.
Par le rang qui les suit, les échelles portées,
Dans le moite sablon, fermement sont plantées,
Et leur faîte branlant sur les créneaux penché,
S'y tient par deux crampons fermement accroché.
L'Anglais, qui voit venir ce belliqueux orage,
Pour l'éloigner des murs invoque son courage,
Accourt à la défense et, contre l'assaillant,
Sa puissance recueille et se montre vaillant.
Suffolk de tous côtés à combattre l'anime:
— Voici le lieu, dit-il, qui nous rendra l'estime,

CHANT QUATRIÈME.

Repoussons à grands coups le superbe « François »,
Et s'il nous a vaincus, vainquons-le cette fois.
Dans ces murs, l'Angleterre est toute renfermée,
Si nous sommes forcés, sa gloire est opprimée ;
Elle n'a plus d'espoir qu'en l'effort de nos dards...
Ah ! sauvons l'Angleterre en sauvant ces remparts !

Barat et Corneillan, d'une pareille audace,
Avaient à leurs crochets fait mordre la « terrace »,
Et, pour se signaler dans le mortel assaut,
D'un menaçant regard en mesuraient le haut.
Ils montaient, à grands pas, vers la cime effroyable,
Quand un éclat de poutre en tombant les accable ;
Ils tombent, tout froissés, et de sang tout couverts,
Tous deux les pieds en haut et la tête à l'envers.
Au robuste Caussade, à l'ardent Hauterive,
Loin du sommet encore, même fortune arrive,
Et sous deux gros chevrons, sur leur tête poussés,
Ils tombent à l'envers, et sanglants et froissés.

Mais, pour ces tristes morts, la guerrière jeunesse
Ne va pas, vers la cime, avec moins d'allégresse ;
Le bouclier au poing et brandissant le dard,
Contre-mont elle vole et joint la force à l'art.
Le mur partout la voit, l'attaque est générale ;
Tous, pour se le soumettre, y vont d'ardeur égale ;
Les timides Anglais, rassurés par « Suffort » (1),
Résistent en tous lieux et d'un semblable effort.

---

(1) Suffolk.

A peine l'assaillant a paru sur l'échelle,
Qu'il sent fondre sur lui les cailloux du rebelle ;
Sous leur pesante chute et leurs coups redoublés,
Les plus faibles d'abord demeurent accablés.
La plupart, toutefois, portés par leur courage,
Ne baissent point le front sous l'homicide orage,
Se soutiennent dans l'air et, s'élevant toujours,
Brillent près du sommet des créneaux et des tours.
Alors, de traits perçants et de flèches pointues,
Les troupes sont de près vivement combattues,
Hallebardes, épieux, demi-piques et dards,
Les tiennent éloignés du haut des boulevards.
Il faut qu'à tant de traits, la valeureuse bande,
Des murs, presque conquis, se renverse ou descende ;
Sa valeur est forcée et voit ses vains exploits,
Suivis de cris moqueurs et d'insolentes voix.
On la couvre de dards, de cailloux et de flèches,
Et partout on lui fait d'irréparables brèches ;
Aucun d'eux n'est sans plaie, et Rodolphe, entre tous,
Trébuche sous les dards, les flèches, les cailloux.
Il trébuche sanglant et l'invincible Sainte,
D'une amère douleur, en sent son âme atteinte ;
Mais elle se maîtrise en un si grand malheur,
Et, d'un cœur magnanime, étouffe sa douleur.
    Six bataillons d'archers, pour montrer leur vaillance,
Attendaient le signal avec impatience ;
La Guerrière le donne, et tous d'un pas pressé,
Marchent à découvert jusqu'au bord du fossé.

CHANT QUATRIÈME.

Aux boulevards anglais, chacun d'eux prend sa mire,
Et la flèche empennée à son oreille tire ;
Deçà, delà, partout, on voit les traits ailés,
Vers leur but, en sifflant, de leurs arcs envolés.
Pas un n'adresse à faux, pas un ne manque à faire
Couler le sang fumeux sur le mur adversaire ;
Sans cesse les archers renouvellent leurs coups ;
Alençon les anime et reluit entre tous.
De tant de dures morts, Suffolk, rempli de rage,
Vient sur les assaillants réparer le dommage ;
Alexandre, son frère, en rage l'imitant,
Pousse, vers les créneaux, ses archers à l'instant ;
La vengeance, à l'instant, vers le Français revole,
Et par autant de morts, de leurs morts les console.
Le Français y répond et le nombre des traits,
Par les routes de l'air, forme un nuage épais.
Alençon, sur ce temps, aperçoit la Pucelle,
Qui, du bas du fossé, le regarde et l'appelle ;
Alors, se retournant au brave Clérembaud (1) :

— La Sainte, lui dit-il, me convie à l'assaut.
Prends ma place, j'y cours. Clérembaud prend sa place,
Et soudain un grand dard le perce et le « terrace » ;
Le dard cherchait le prince et pour lui fut lancé :
Son ami tint sa place, en sa place percé.
Le prince voit le coup, en ressent la blessure,
Serre son javelot et la vengeance jure ;

---

(1) Golles Clérembaut, seigneur de Lude. — Avait servi sous le duc d'Anjou, roi de Sicile.

Il va joindre la Sainte, et la Sainte à l'abord :
— Dieu, dit-elle, par moi, t'a sauvé de la mort (1).
Pour le bien de la France, il fallait que ta tête
Echappât à l'effort de cette âpre tempête,
Et que de Clérembaud, le chef infortuné
Reçut le coup fatal à ton chef destiné.
Tu pleures, Alençon, cette mort déplorable ;
Ah ! venge-la plutôt par un coup mémorable ;
Alexandre est celui qui l'a privé du jour,
Alexandre est celui qui défend cette tour.
   Il regarde la tour, il regarde Alexandre,
Et fait vœu de le perdre, et fait vœu de la prendre ;
Il dresse son échelle et, de fureur bouillant,
Monte, et fait, en tous lieux, remonter l'assaillant.
Son exemple l'invite et lui rend l'assurance ;
Il remonte et partout l'attaque recommence ;
L'Anglais, de son côté, superbe et triomphant,
Partout avec ardeur du Français se défend.
Mais, plus qu'en nul endroit la résistance est grande,
Où Dunois est présent, où la Sainte commande,
Où du triste Alençon la terrible valeur
Fait ses derniers efforts pour venger son malheur.

---

(1) Quand le duc d'Alençon prit le commandement de l'armée, Jeanne avait dit à la duchesse, sa femme : — « Ne craignez point, madame, je vous le rendrai sain et sauf, et en tel point qu'il est ou mieux encore. » D'un autre côté, pour rompre les hésitations, elle avait dit au duc : — « Ah! gentil duc, as-tu peur? » — Ce qu'il importait à Jeanne, c'était d'avoir auprès d'elle un prince de sang royal pour fortifier l'empire qu'elle exerçait sur ses soldats.

CHANT QUATRIÈME.

De flèches et de traits, une mortelle grêle,
Du haut des boulevards, tombe là pêle-mêle;
Là tombent à monceaux, les dards et les cailloux,
Et rien, en sûreté ne demeure au-dessous.
Alençon, toutefois, sur la ployante échelle,
Evite, en s'élevant, cette grêle mortelle,
Et de trois coups à peine, entre mille, effleuré,
Touche du javelot au créneau désiré.
Dunois, non moins que lui, vers la cime s'avance,
Avec sa jalousie, aiguise sa vaillance,
Et ne peut supporter qu'un si puissant rival
En courage, aux yeux saints, paraisse son égal.
  La Guerrière, échelant la muraille élevée,
Bientôt à son sommet se fait voir arrivée,
Ecarte avec son trait les épieux de « l'Anglois »,
Ou les rompt dans l'acier de son large pavois,
Quand les monstres d'enfer, en cette affreuse guerre,
Partisans obstinés de l'injuste Angleterre,
Accourent en ce lieu pour lui donner secours,
En bordent la courtine et remplissent les tours.
  C'est désormais l'enfer, dont la troupe invisible
Rend de ces boulevards le haut inaccessible,
Verse sur l'assaillant des montagnes de « grais »,
Et fait pleuvoir sur lui des déluges de traits.
Malgré tous ses efforts, voyant que de l'échelle,
Sa rage veut en vain renverser la Pucelle,
Qu'il ne fait que d'un peu son triomphe arrêter,
Et qu'elle va bientôt la terrasse emporter,

Il veut que la terrasse, en ce péril extrême,
De la fatale main se défende elle-même,
Et soudain à l'Anglais, inspire le penser
D'en démolir le comble, et de le renverser.
Avec cent forts leviers, l'Anglais le déracine,
Et pour sauver le mur, le mur même ruine ;
L'ouvrage est de cent bras, mais l'effet principal,
Dans ce travail commun, vient du bras infernal.

 Les esprits ténébreux poussent, sur la Guerrière,
Du faîte détaché la masse tout entière ;
L'assaillant la croit morte, il change de couleur,
Et de l'Etat perdu déplore le malheur.
De l'horrible fardeau la bruyante tempête
Tombe à plomb sur la Sainte, et lui couvre la tête ;
L'ennemi, qui le voit, de joie est transporté,
Tient la guerre achevée, et le Français dompté.
Elle voit son trépas, mais l'ange, qui la veille,
Fait voir, en sa faveur, une rare merveille,
Aux Anglais invisible, invisible aux « François »,
Il supporte du mur l'insupportable poids.
Sur elle, en ce moment, se brise, comme verre,
L'épaisse dureté de ce monceau de pierre ;
La nature est vaincue, et la roche soudain
Se dissout au toucher de l'angélique main.
Il semble, aux yeux trompés, que la pesante masse
Sur l'écu de la fille, en tombant, se fracasse ;
Seule elle en sait la cause, et, dans cet accident,
Reconnaît du Seigneur le secours évident.

La roche convertie en poussière menue,
Par l'angélique main dont elle est soutenue,
S'épand sur l'héroïne et, pour un peu de temps,
Ravit à son harnais ses rayons éclatants.
 Ainsi parfois, dans l'air, une vapeur grossière
Vient du flambeau des cieux offusquer la lumière,
Et, cachant aux humains le feu dont il reluit,
Enveloppe le jour du manteau de la nuit.
 Dans cet événement, l'assistance céleste
Parut, de plus en plus, aux Français manifeste,
Et l'incrédule Anglais crut alors à ses yeux,
Que le bras de la Sainte était le bras des cieux.
L'Anglais, épouvanté de ce nouveau miracle,
A son cours triomphant n'apporte plus d'obstacle ;
Si le rempart le quitte, il quitte le rempart,
Et fuit la mort certaine, en fuyant le saint dard.
Le mur s'ouvre à la fille et, devant son courage,
Semble se séparer pour lui faire passage ;
Elle entre par la brèche et, de son bras vainqueur,
Donne aux démons la fuite, ôte aux Anglais le cœur.
Dunois gagne le mur, un moment, après elle,
Alençon tarde seul à forcer le rebelle ;
Alexandre est celui qui le peut retarder,
Mais ce dernier, enfin, est contraint de céder (1).
Il voit la place prise, et voit devant la Sainte,
Ses défenseurs saisis d'une mortelle crainte ;

---

(1) Alexandre Pole, le frère de Suffolk.

Il les voit tous fuyant, et sur lui, désormais,
Du combat inégal va tomber tout le faix.
Il quitte, et dans la tour, désormais sans défense,
Alençon, d'un plein saut, au temps même se lance,
Et, de son adversaire apercevant le dos,
L'appelle et le retient par l'aigreur de ces mots :
 — Tourne, mauvais archer, montre le front, arrête !
Jusques dans tes remparts je t'apporte ma tête ;
De loin, tu l'as manquée ; éprouve si, de près,
Tu rendras plus heureux tes homicides traits.
Mais, près de l'ennemi, ta main perd l'assurance,
Et tu mets en tes pieds toute ton espérance ;
Tourne, lâche, ou ce dard, plus vite que tes pas,
Te va d'un coup honteux envoyer au trépas !
 Le dernier de ces mots sensiblement le touche ;
Il revient au combat, généreux et farouche ;
 — Oui, je viens, lui dit-il, me venger, par ta mort,
Et de ton injustice, et de celle du sort ;
Vois, si je suis un lâche. — En parlant il l'approche,
Et puissamment sur lui son dernier trait décoche.
Le trait siffle par l'air et, d'un vol élancé,
Dans la gorge du prince allait être enfoncé ;
Mais dérobant le corps, son atteinte il esquive,
Et de son juste effet adroitement le prive.
Alexandre s'étonne, et se jette à l'écart ;
Alençon le poursuit, et l'atteint de son dard ;
Au flanc gauche il l'atteint, et le fer qui s'y cache,
D'un gros bouillon de sang ses claires armes tache ;

Le guerrier affaibli, sans se plus ménager,
Par la mort d'Alençon veut la sienne venger.
 Il se jette sur lui, le saisit et l'enserre,
De son fer, il le blesse, et le porte par terre ;
Ils s'embrassent l'un l'autre et, par terre luttants,
Pour gagner le dessus, contestent quelque temps.
Tous deux ont désormais peu de sang à répandre ;
Enfin toute vigueur abandonne Alexandre ;
Invincible il rend l'âme, et ses derniers efforts
Rompent les faibles nœuds qui l'attachaient au corps.
 — Clérembaud, dit le prince, ami trop magnanime,
De ma sanglante main reçois cette victime,
Et, si de tout son sang tu n'es pas consolé,
Reçois le sang qu'au sien mes veines ont mêlé...
 Il tombe, en achevant ce discours lamentable,
Étendu près du mort, au mort presque semblable,
Privé de sentiment, dépouillé de chaleur,
Et n'ayant rien de vif que sa vive douleur.

 Pendant l'âpre combat, Dunois et la Pucelle,
Vers deux lieux opposés, courent le mur rebelle,
En chassent les Anglais et, sur les boulevards,
En cent lieux différents, plantent leurs étendards.
Le vaincu prend partout l'épouvante et la fuite,
Et partout est pressé d'une ardente poursuite,
Des soldats, ni des chefs, nul ne tourne le front,
Et tous, de tous côtés, se rangent vers le pont.

Suffolk, sous le Français, voit succomber la place,
Dans le malheur commun plaint sa propre disgrâce,
Vers le pont se retire, et, là, de toutes parts,
Pour résister encor, recueille les fuyards.
A la faveur du lieu dont l'espace se serre,
Il croit pouvoir encor renouveler la guerre,
A montrer du courage exhorte les « Anglois »,
Et du bras les anime, autant que de la voix.
De son corps il les couvre et sa ferme vaillance
Aux efforts du vainqueur seule fait résistance,
Mais, ce peu qui l'assiste, étant mort ou soumis,
Seul, il demeure en butte aux coups des ennemis.
Autour d'un homme seul, un vaste camp s'assemble,
Et le fait seul l'objet de mille traits ensemble ;
Contre un camp tout entier, Suffolk juge qu'en vain
Il voudrait opposer son courage et sa main,
Tous chargent ; mais Renaud plus que tous se signale (1),
Témoigne à l'attaquer une ardeur sans égale,

---

(1) Guillaume Régnault, écuyer d'Auvergne.
Pressé de très près, se voyant pris, Suffolk avisa ce jeune homme qui le chargeait :
— Etes-vous chevalier ? lui demanda-t-il.
— Non.
Il lui donna l'accolade, et se rendit.
Un chroniqueur affirme, d'un autre côté, que Suffolk ne voulant pas se rendre au duc d'Alençon et autres seigneurs qui tous convoitaient de l'avoir, aurait dit : « Je me rends à la Pucelle, qui est la plus vaillante femme du monde, et qui nous doit tous subjuguer et mettre en confusion. » Là-dessus, il aurait remis son épée à Jeanne.
On estime que la première version est la seule vraie.

CHANT QUATRIÈME.

Lui fait de tous les coups sentir les plus pesants.
Incroyable valeur en de si jeunes ans !
Il n'a guère franchi les bornes de l'enfance,
De fille il a la voix, de fille l'apparence,
Son teint est délicat et, du premier coton,
L'on ne voit pas encore ombrager son menton.
Suffolk qui, sans espoir, ne veut plus se défendre,
Entre tous les Français, le choisit pour se rendre,
Et lui dit : — Jeune Mars, agréable guerrier,
Je t'honore aujourd'hui d'un superbe laurier ;
Je te fais mon vainqueur. Alors l'attaque cesse,
Et désormais aucun de son dard ne le presse.

— Toutefois, reprend-il, si tu n'es Chevalier,
Je ne puis, sous ton joug, ma tête humilier.

— Non, lui repart Renaud, mon âge me l'envie ;
Mais j'ai prétendu l'être aux dépens de ta vie.

— Sois-le donc, dit Suffolk. Il l'accole à l'instant,
Puis, le couvre, en travers, de son fer éclatant.

— Maintenant, poursuit-il, qu'à l'ombre de ce titre,
De mon funeste sort tu peux être l'arbitre,
Abandonné de tout, je veux me rendre à toi,
Et, comme ton captif, me soumettre à ta loi.

En prononçant ces mots, ses armes il lui donne ;
Renaud, de sa fortune, en lui-même s'étonne,
Et, parmi ce transport, ne voit pas sans pudeur,
Sous lui, d'un tel captif, abaisser la grandeur.

Comme quand sous les flots de cette mer profonde,
Qui naguère a produit un autre monde au monde,

Quelque nouveau pêcheur plonge pour éprouver
Jusqu'où peut, dans son art, son adresse arriver ;
Si d'abord et sans peine, et contre son attente,
Une perle sans prix à ses yeux se présente,
Il juge que pour lui ce trésor est trop grand
Et, bien que plein de joie, avec doute le prend.
 Sur ce temps vient la Sainte, en forme de tempête ;
Tout cède, et Renaud seul dans sa course l'arrête :
 — Le chef anglais, dit-il, tombé dans mes liens,
Ne s'en peut consoler qu'en recevant les tiens.
 — Je l'accepte, dit-elle, et le met en ta garde ;
Puis elle suit son vol et rien ne le retarde ;
Elle cherche l'Anglais et remarque en tous lieux,
Les ennemis vaincus, les siens victorieux (1).
L'invincible Dunois la rejoint, l'accompagne,
Pousse, après les fuyards, dans la vaste campagne ;
Avec un petit nombre il fond sur les derniers,
Et, sans verser de sang, fait plusieurs prisonniers.
Du malheureux Suffolk, Pole, le second frère,
Voyant le sort volage à leurs vœux si contraire,
La muraille forcée et le pont occupé,
Suivait les pas errants de l'Anglais dissipé ;

---

(1) La prise de Jargeau eut lieu le 12 juin. On n'est pas d'accord sur la durée du siège. Il s'était prolongé au plus quelques jours. Certains ont affirmé que le premier assaut avait eu lieu le 11, et que la ville avait été rendue le lendemain. Toujours est-il qu'on y fit un grand carnage de tous les défenseurs. Un des frères de Suffolk, Alexandre fut réellement compté au nombre des victimes. Maître Jean avec sa terrible couleuvrine fit « merveille » encore une fois.

CHANT QUATRIÈME.

Mais au fort de sa course, un remords magnanime
Reprochant à son cœur que sa fuite est un crime,
Et qu'il laisse son frère à la merci du sort,
La honte étouffe en lui la frayeur de la mort.
Il tourne vers le pont et court à toute bride,
Dunois suspend alors sa poursuite rapide ;
Il l'attend au passage et, son bras déployant,
Le charge et l'étourdit d'un revers foudroyant.
Pole tombe, du coup, étendu sur la terre ;
Dunois saute sur lui, le casque lui desserre,
Le trouve vif encore, l'aide à se relever,
Et lui fait doublement sa douceur éprouver ;
Et lui tendant la main, il lui dit : — Brave Pole,
Ne plains point ta prison, elle est sur ta parole ;
Je rends à ta vertu l'honneur que je lui dois,
Tu n'auras de lien que celui de ta foi.

Le triomphant guerrier retourne vers la ville ;
— De captifs enchaînés suit une longue file ; —
La Sainte, au pied des murs reconquis par son bras,
En le voyant venir, s'avance quelques pas.

— Invincible Dunois, louons Dieu, lui dit-elle ;
Sa dextre, encore un coup, a frappé le rebelle ;
L'œuvre toujours s'avance et notre bon Destin
Toujours de plus en plus l'achemine à sa fin.
Suivons un si bon guide et marchons sur sa trace ;
Employons bien le temps que nous donne sa grâce ;
Repartons dès l'aurore et toujours « combattans »,
Dans Meun, dans Beaugency, foudroyons nos titans.

Dunois consent à tout et s'oblige à bien faire ;
Ils rentrent dans la ville en pompe militaire ;
Leur vue y rend le calme, et fait, soudainement,
Cesser partout le meurtre et le saccagement !
Après tant de fureurs, et tant d'actes horribles,
Les murs à leur aspect redeviennent paisibles,
Et l'ordre, désormais, au trouble succédant,
En adoucit un peu le funeste accident.
 Sur cent petits bateaux, l'impétueuse Loire
Reçoit les prisonniers qu'a produits la victoire ;
Et murmure, en son cours, de voir les matelots,
Pour avancer le leur, battre ses vites flots.
Vers Orléans, comme eux, sur la rivière même,
Rodolphe, tout sanglant, l'œil mort et le teint blême,
Dans un bateau couvert, des autres écarté,
Par le soin de la Sainte est doucement porté.
Alençon, pour guérir ses blessures profondes,
Vers les mêmes remparts court sur les mêmes ondes,
Et son sage vaisseau, de peur de l'ébranler,
N'use point de la rame et ne fait que couler.
Le sang si généreux dont ses royales veines,
Sous le fer d'Alexandre, ont rougi les arènes,
La langueur survenue et l'affaiblissement,
A produit dans son corps un vif embrasement.
Mais si, par ce brasier, son corps est tout en flamme,
L'amour, d'un moindre feu, n'échauffe pas son âme ;
La guerrière l'allume, et sa vive splendeur
Par ses brûlants rayons, en attise l'ardeur.

CHANT CINQUIÈME

De ce nouveau bonheur, la céleste Héroïne
Rend grâces, pour la France, à la bonté divine,
Et par un corps choisi de mille combattants,
Des remparts de Jargeau s'assure en même temps ;
Puis, dépêchant au Roi, sur la place conquise,
L'informe du progrès de la sainte entreprise,
A Dieu seul l'attribue, et finit, en pressant
Que l'armement promis soit et prompt et puissant.
  A cet avis heureux, Charles, comblé de joie,
Partout, ordre sur ordre, à ses peuples envoie,
Et, dans ses mandements, pour les mieux émouvoir,
Se sert de la prière autant que du pouvoir.
A cette fois, enfin, des troupes enrôlées,
Les coteaux sont couverts, et les routes foulées ;
Chacune au rendez-vous en bataille « paroît »,
Et le camp, d'heure en heure, et se forme et s'accroît.
Chinon voit, sous ses tours, mille tentes superbes
Couvrir des prés fauchés les renaissantes herbes,

Et voit mille drapeaux, sur la rive plantés,
A l'envie des guidons, par les airs agités.
A cet aimable aspect, le belliqueux monarque
De son ravissement donne plus d'une marque ;
Son âme sur son front fait lire son plaisir,
Et montre du combat un généreux désir.
　Tel est un jeune amant, qui, longtemps misérable,
Éprouve enfin le sort à ses vœux favorable,
Et qui, de son hymen résolu par les Cieux,
Voit les riches apprêts exposés à ses yeux ;
Dans une vaste mer d'inexprimable joie,
Son cœur, épanouit, nage, pâme, et se noie,
Et, dans les mouvements du visage et du corps,
Laisse, sans se contraindre, éclater ses transports.
　A l'égal de leur Roi, tous brûlent pour la guerre,
Tous menacent de mort le tyran de leur terre,
Et leur entretien seul est du céleste bras,
Par qui l'orgueil rebelle est déjà mis à bas.
Toust ondent leur espoir sur le bras de la Sainte ;
Le superbe Amauri seul en a de la crainte ;
Il redoute sa force, et de ses hauts exploits,
N'est pas moins alarmé, que s'il était « Anglois ».
　Amauri, par le sort, qui du monde se joue (1),
A la faveur royale élevé de la boue,
Bien qu'il fût sans mérite, et sans extraction,
Ne souffrit point de borne à son ambition.

---

(1) Chapelain a fait d'Amauri un personnage apocryphe, mais il lui assigne le rôle que joue Georges de La Trémouille. Celui-là était

Tout ce que de Français il restait à la France,
Son heur prodigieux le mit sous sa puissance;
Il maîtrisa son Maître, et bannit de la Cour
Tout ce qu'il jugea propre à gagner son amour.
Par mille vains soupçons, dont il chargea les princes,
De fameux exilés il remplit les provinces,
Et, d'entre tous les grands, ne laissa, près de lui,
Que ceux dont sa grandeur sut faire son appui.
Il aima mieux régner dans une Cour déserte,
Que d'être incessamment en crainte de sa perte,
Et préféra de vivre accablé de travaux,
A voir au gouvernail prétendre ses rivaux.
Tout lui sembla contraire, et tout lui fit ombrage,
De tout sexe il eut peur, il eut peur de tout âge,
Ne se crut jamais bien, dans son poste, affermi,
Et qui put être aimé devint son ennemi.
Agnès le ressentit, cette belle Agnès même,
Qui voyait à ses pieds le français diadème,
Que Charles adorait, et pour qui seulement,
Il ne dédaignait pas la qualité d'amant.
Sous couleur de soustraire une si chère tête,
Aux succès incertains de l'anglaise tempête,
Il l'éloigna du prince et, tout seul désormais,
Posséda le timon, et le régit en paix.

à ce moment sans rival auprès de Charles. Depuis deux ans, Giac et Beaulieu avaient successivement succombé, dans des conditions tragiques, à la haine du connétable de Richemont. Resté seul, à la suite, La Trémouille avait provoqué la disgrâce de ce dernier.

Mais lorsque sa faveur l'élevait sur la nue
Au besoin de l'Etat la Fille survenue,
Par sa haute promesse, et ses faits plus qu'humains,
Arracha le timon à de si viles mains.
Il en conçut d'abord une âpre jalousie,
Qui depuis, s'accroissant jusqu'à la frénésie,
Lui fit faire, en secret, plus d'un puissant effort,
Pour dérober aux lis ce céleste support.
De son art toutefois la force redoutable,
Trouvant à ses assauts la Sainte inébranlable,
Troublé de jugement, et privé de repos,
Il tire à part son père, et lui tient ce propos :
— Le Destin envieux ma ruine a conjurée;
Mon bonheur lui paraît de trop longue durée,
Mon crédit l'importune, et son courroux ardent
Prépare à mon honneur un mortel accident.
J'ai tout dit, j'ai tout fait, contre cette Pucelle;
Rien ne m'a profité, Charles n'aime plus qu'elle;
Elle occupe le trône; elle est reine du Roi;
La Fortune la cherche et s'écarte de moi.
Dans ce fatal revers, quel conseil dois-je suivre?
Dois-je, en perdant mon grade, à ma gloire survivre?
Ou, noyant ma douleur, dans les flots de mon sang,
Me montrer, par ma mort, digne du premier rang?
  Gillon, l'oracle seul, qu'il consulte en ses crimes,
Surpris de voir en lui ces pensées magnanimes,
L'interrompt par ces mots : — Non, non, cette valeur
Est un mauvais moyen pour guérir ta douleur;

CHANT CINQUIÈME.

Ton salut, Amauri, dépend de ta prudence,
Tu ne peux que par art surmonter la vaillance ;
La finesse est ta force, il faut la pratiquer,
Et, par elle aujourd'hui, la Guerrière attaquer.
Mais emploie, à la perdre, un moins sot artifice,
Que celui qu'autrefois t'inspira ton caprice,
Quand tu privas la Cour de l'illustre beauté,
Qu'à tort tu crus fatale à ton autorité (1).
Il te fallait servir de ce charmant visage,
Pour amollir du Roi le trop mâle courage ;
Si de tous ses appas tu l'eusses combattu,
Il n'eut jamais fait luire un rayon de vertu.
Son cœur, vide d'Agnès, par ta grossière adresse,
A donné libre entrée à cette autre maîtresse,
Qui le remplit tout d'elle, et dont l'orgueil brutal,
Dans sa prétention, n'admet point de rival.
Imprudent ennemi de ta propre fortune,
Sans trouble, avec Agnès, tu peux l'avoir commune,

---

(1) Celle dont parle Gillon n'est autre qu'Agnès Sorel, la dame de Beauté, la Belle des Belles, dont la mémoire est étroitement liée au règne de Charles VII.

Agnès, de belle Agnès retiendras le surnom,
Tant que de la Beauté sera le nom.

« Le roi l'avait mise, elle, pauvre demoiselle, a dit un chroniqueur, en tel triomphe, que son estat estait à comparer aux grandes princesses du royaume. » Autant elle était riche, autant la misère était grande à la cour. Cependant, on s'accorde à reconnaître qu'elle n'abusa pas de son empire. Le poëte Baïf lui fait dire à son royal amant.

Si l'honneur ne vous peut de l'amour divertir,
Vous puisse au moins l'amour de l'honneur avertir.

Et dans l'aveuglement, dont tes yeux sont couverts,
Pour la vouloir entière, entière tu la perds.
Sois plus sage, à ce coup. Mais par quelle sagesse
Peux-tu de ton pouvoir soutenir la faiblesse ?
Ta conduite insensée à ce point l'a réduit ;
Ta défaveur prochaine en est le juste fruit.
Je ne vois qu'un remède, au mal qui te possède,
Et la belle exilée, Agnès est ce remède ;
En la rétablissant, tu l'auras pour soutien,
Et, par son intérêt, la mettras dans le tien.
Fais en donc ta ressource et te ligue avec elle ;
Fais lui, pour son salut, embrasser ta querelle ;
Oppose fille à fille, en cette extrémité,
Et fais, de la valeur, triompher la beauté.

 Il lui tint ce discours avec des yeux de flamme ;
Le son en retentit au profond de son âme,
Et, dans ses facultés la force en imprimant,
A suivre cet avis força son jugement.
L'espérance perdue en son cœur se réveille ;
Il dépêche à l'instant vers la jeune merveille ;
L'ordre est qu'elle revienne, et Roger, entre tous,
Est choisi pour lui faire un message si doux.

 De ces enfants d'honneur, que les grands des provinces
Attachent, comme otage, à la suite des princes,
Le beau Roger fut l'un, par Agnès présenté,
Et parut bien son frère, à sa rare beauté.
A la chasse pénible, à la guerre mortelle,
Il assista son Roi, valeureux et fidèle,

CHANT CINQUIÈME.

Et de sa grâce encor demeura possesseur,
Lorsque la jalousie en eut banni sa sœur.
 Le favori l'appelle, et, sans peine, l'engage
A partir et porter l'agréable message.
Il part, descend au fleuve et saute en un bateau;
L'onde s'enorgueillit, d'un si riche fardeau.
Le bateau fuit la plage et prend le fil de l'onde,
La rame aide son cours et le vent le seconde,
Un trait est moins léger; Chinon baisse, décroît,
S'éloigne, se blanchit, s'efface, et « disparoît ».
Roger, de temps en temps, voit, sur les deux rivages,
Aller, chemin contraire, et châteaux et villages,
Il voit, de plus en plus, le flot se déployer,
Puis, dans un lit plus ample, il le voit se noyer.
La Loire le reçoit, et reçoit la chaloupe;
Le vent frais continue à lui souffler en poupe;
Une heure, ou moins encor, lui fait gagner Saumur,
Et raser en glissant le pied de son beau mur.
Jour et nuit elle coule, et nul temps ne l'arrête;
Nuit et jour, son voyage est exempt de tempête.
De Sé viennent les Ponts, elle y dresse son cours,
Les passe, puis, d'Angers voit et laisse les tours.
Enfin, au premier feu de la plus vive étoile,
Non loin de Chantonceaux, elle baisse la voile,
L'aviron lui suffit et, par son seul effort,
Avant la nuit venue, elle surgit au port.
 Où, vers les champs bretons, la Loire, moins pressée,
N'a plus que le terrain pour bride et pour chaussée,

Et se donnant par force un lit plus spacieux,
Va grossir l'Océan de flots audacieux ;
Non loin de son rivage, une basse colline
Porte un vaste palais, qui la plaine domine,
Qui domine le fleuve et, comme roi de l'air,
Toujours, aux environs, le voit tranquille et clair.
Tout rit, et ciel, et terre, à ce rare édifice,
Ce que peut la nature unie à l'artifice,
L'assiette, le dessein, la structure, à souhait,
Concourent à le rendre un ouvrage parfait.
   La forme en est carrée, et son altière masse
De quatre pavillons les étoiles menace ;
D'un fossé large et creux, il est environné,
Et, pour être étendu, n'en est pas moins orné.
De jaspe et de porphyre, une solide écaille
Revêt par le dehors son épaisse muraille,
Le portail est de marbre, et son cintre pesant
Pose sur dix piliers de métal reluisant.
Entre chacun des jours, deux colonnes d'albâtre
Font de la cour pompeuse un noble amphithéâtre,
Et cent bustes de bronze, en cent niches d'azur,
Entre chaque colonne embellissent le mur.
L'escalier est profond, et sa douce montée
De précieux cailloux est peinte et parquetée ;
Il est haut, et son faix, d'un et d'autre côté,
Par vingt géants d'airain, sur la tête est porté.
Le plafond éclatant de la superbe salle
Semble avoir appauvri la ville orientale,

CHANT CINQUIÈME.

Tant l'art imitateur a, dans ses ornements,
Semé de faux rubis, et de faux diamants.
Une suite sans fin de pièces magnifiques,
Où, parmi les tableaux, éclatent les antiques,
Où l'or débat du prix ainsi que le cristal,
Fait les riches dedans de ce palais royal (1).
A l'œil, pour loin qu'autour ses regards il promène,
Paraît plus d'un parterre et plus d'une fontaine;
Ce ne sont que canaux, que bosquets et que prés
Semés d'antres moussus, au repos consacrés.
 Ce lieu comprend, tout seul, ce que l'humaine envie
Peut concevoir de propre au bonheur de la vie;
Dissipe tous les soins, et repait tous les sens,
D'objets délicieux, de plaisirs innocents.
Des princes angevins il fut le doux asile,
Quand le sort leur ôta l'une et l'autre Sicile,
Et, dans un si funeste et si triste malheur,
Put consoler leur chute et flatter leur douleur.
Avant leur règne éteint, sur le bord de la Loire,
Robert le construisit, pour témoin de sa gloire,

---

(1) Le château de Loches (Indre-et-Loire). — Charles VII en fit présent à Agnès Sorel; il sert aujourd'hui de sous-préfecture. On y voit encore le tombeau en marbre blanc de la favorite. Ne pas confondre le château avec le donjon de Loches, dont la construction remonte au xiie siècle. A un des angles de cette forteresse, est une tour ronde que fit bâtir Louis XI, et dans les fondements de laquelle est une salle voûtée, où l'on plaça les fameuses cages auxquelles est resté attaché le souvenir de La Balue, Commines et autres victimes de la politique royale. Le donjon de Loches sert encore aujourd'hui de prison.

Et, de tous ses Etats la richesse y portant,
Ainsi qu'un autre ciel, le rendit éclatant.
Au milieu des partis, cet espace de terre
Etait seul respecté du démon de la guerre,
Sans que l'étranger même eût entrepris jamais
D'en violer l'enclos, ni d'en troubler la paix.

En un désert si beau, la belle confinée,
Seule, en pleurs et soupirs, passait chaque journée,
Sans qu'il pût de son sein, par aucun agrément,
Bannir le déplaisir de son bannissement.
Roger, touchant le port, de sa barque se lance,
Et vers le beau palais rapidement s'avance;
Il y cherche sa sœur, mais en vain toutefois;
Par les jardins elle erre, elle erre par les bois.
Peu loin du haut palais, vers où l'herbe fleurie
Peint de mille couleurs une vaste prairie,
D'un insensible trait, s'élève un tertre bas,
Sur qui Flore et Zéphyre étalent leur appas.
A travers la prairie et, dans le sein de l'herbe,
D'arbres droits et branchus, une route superbe,
Du palais y conduit et, de son berceau vert,
Contre le chaud du jour, forme un chemin couvert.
Où la route finit, la terre se présente,
Et convie à monter par sa facile pente;
Le pied en est humide et trempe en un fossé,
Qui le tient, tout autour, comme une ile, embrassé.

CHANT CINQUIÈME.

Au milieu de sa côte, une vive fontaine,
A travers les cailloux, s'épanche dans la plaine,
Et, de mille ruisseaux la plaine entrecoupant,
Y nourrit la verdure et s'y perd en rampant.
Par un jeu tout nouveau de l'artiste nature,
Dix roches, d'une affreuse et bizarre figure,
Sèment le tour du tertre, et leur difformité,
Par un contraire effet, en cause la beauté.
Mais les deux grands rochers, dont se forme sa crête,
Aux cieux plus fièrement dressent leur chauve tête,
Et, par le bel excès de leur énormité,
Dominent sur le tertre en toute majesté.
Tous deux, comme à l'envi, par leurs pointes cornues,
Provoquent au combat et les vents et les nues,
Et montrent, dans leur tour et leur sein ténébreux,
Cent grottes, cent vallons et cent abîmes creux.
Du plus haut au plus bas, en touffes différentes,
Partout, d'entre les rocs, sortent de vieilles plantes,
Qui pendant les chaleurs, sous leur feuillage épais,
Et conservent l'ombrage, et maintiennent le frais.
Ce lieu, sur tous les lieux du royal hermitage,
Au jugement d'Agnès remporte l'avantage;
Il la retient les jours, il la retient les nuits,
Et lui fait quelquefois supporter ses ennuis.

Roger impatient, vers l'aimable colline,
Pour rencontrer la belle, à grand pas s'achemine,
Et, l'ayant aperçue, au pied de ces grands bois,
De tout loin qu'il la voit, lui crie à haute voix.

— Reprends, ma chère sœur, ta première allégresse ;
Ta destinée enfin demeure la maîtresse ;
Amauri s'humilie, et consent qu'à la Cour
Tu fasses, à sa honte, un triomphant retour.
De ton astre cruel, l'influence adoucie
Permet qu'à sa faveur ton rival t'associe ;
Il t'y veut pour compagne et t'invite, par moi,
A venir avec lui reposséder ton roi.
 Agnès, que son exil, dans la mélancolie,
Profondément alors tenait ensevelie,
Répond nonchalamment : — Ah ! que dis-tu, Roger,
Contre ses intérêts voudrait-il m'obliger ?
 Il repart : — L'intérêt de sa propre puissance,
A te faire cette offre, engage sa prudence ;
Il le fait pour lui-même, et met, dans ton secours,
Ce qui reste d'espoir à ses malheureux jours.
Le pitoyable ciel, pour finir ta misère,
A fait naître un beau monstre, une illustre bergère,
Dont l'effort héroïque, en relevant l'Etat,
De l'auteur de tes maux le grand colosse abat.
Charles, sur elle seule, aujourd'hui se repose :
Il veut que, de l'armée, elle seule dispose ;
Par ses mouvements seuls, tout le Conseil agit,
Et la France, par elle, aujourd'hui se régit.
Amauri, dont la chute est, par elle, évidente,
Met en toi son recours, en toi met son attente,
Et veut que la beauté combattant la valeur,
Lui serve à réprimer le cours de son malheur.

Sur le point du naufrage, à son aide, il implore
Le visage divin que l'univers adore;
A son aide il t'implore, et te veut bien devoir
Tout ce qu'à l'avenir il aura de pouvoir.
Tandis qu'à ta grandeur le sort est favorable,
Abandonne ce lieu, pour toi si misérable,
Quitte cette prison, viens régner à la Cour,
Et viens y rallumer le flambeau de l'amour.
Par ton propre ennemi, puissamment secondée,
Tu reprendras la place, autrefois possédée,
Détruiras la guerrière et, près du jeune roi,
Ne verras rien de grand, qui ne soit moins que toi.

De transport elle baise, elle embrasse son frère,
Désormais, de son sort, toutes choses espère,
Vers le riche séjour, tourne à l'instant ses pas,
Et sent, avec plaisir, réveiller ses appas.
Elle ordonne, en marchant, que sa galère aimée
De voile et d'avirons soit promptement armée,
Et que chacun des siens, le sommeil bannissant,
Soit prêt à s'embarquer au soleil renaissant.
Dans sa chambre elle passe, et là, pleine de joie,
Des vêtements pompeux l'abondance déploie,
Et pour accompagner ses précieux habits,
Tire des diamants, des perles, des rubis.
Sa main en trouve plus que son cœur n'en désire,
Le nombre l'embarrasse et sa peine est d'élire;
Elle en pare à la fin, avec adresse et choix,
Sa simarre, son col, sa coiffure et ses doigts.

La nuit se passe toute en ce bel exercice,
Sans que, sous ses pavots, Agnès s'appesantisse,
Mais, attendant le jour, qui tarde à revenir,
Elle veut que Roger la vienne entretenir.
   Elle se fait conter l'envoi de la guerrière,
De son avènement l'admirable manière,
Les forts qu'elle a conquis, les chefs qu'elle a domptés,
Et surtout, ses attraits, sa grâce et ses beautés.
Roger l'instruit de tout et, louant la Pucelle,
En beauté, toutefois, la fait bien moindre qu'elle,
Elle, qui se connaît, le croit facilement,
Et s'en ose promettre un bon événement.
Seule enfin il la laisse, et voit, sur le rivage,
La nombreuse famille et le riche équipage ;
L'embarquement se fait et, sous le grand fardeau
La galère s'enfonce et se met à fleur d'eau.
   Agnès demeure seule, en sa chambre dorée,
Qui de brillants miroirs tout autour est parée,
Et, de quelque côté qu'elle tourne les yeux,
Y voit l'objet de tous le plus délicieux.
En la plus haute part d'un visage céleste,
Les glaces lui font voir un ront grand et modeste,
Sur qui, vers chaque tempe, à bouillons séparés,
Tombent les riches flots de ses cheveux dorés.
Sous lui, roulent deux cieux, d'où mille ardentes flammes,
Mille foudres, sans bruit, se lancent dans les âmes ;
Deux yeux étincelants, qui, pour être sereins,
N'en font pas moins trembler les plus hardis humains.

Là, forgent les amours les redoutables armes,
Dont les coups, pour du sang, ne tirent que des larmes,
De là volent les dards, de là volent les traits,
Avec qui les esprits n'ont ni trêve, ni paix.
Au-dessous se fait voir en chaque joue éclose,
Sur un fond de lis blanc, une merveille rose,
Qui, de son rouge centre épandue en largeur,
Vers les extrémités fait pâlir sa rougeur.
Plus bas s'offre et s'avance une bouche enfantine,
Qu'une double fossette aux deux angles termine,
Et dont le petit tour, fait d'un corail riant,
Couvre un double filet de perles d'Orient.
   On voit que la nature, achevant son ouvrage,
D'un exquis artifice arrondit ce visage,
A ses plus petits traits donne un air délicat,
Et mêle, en tout son teint, la fraîcheur à l'éclat.
On voit que, sous son col, un double demi-globe
Se hausse par mesure et soulève sa robe ;
L'un et l'autre d'un blanc si pur et si parfait,
Qu'il ternit la blancheur de la neige et du lait.
On voit, hors des deux bouts de ses deux courtes manches,
Sortir, à découvert, deux mains longues et blanches,
Dont les doigts inégaux, mais tous ronds et menus,
Imitent l'embonpoint des bras longs et charnus.
S'observant tout entière, Agnès se trouve grande,
De la juste grandeur que son sexe demande,
Et, dans sa taille noble et sa libre action,
Elle ne voit que gloire et que perfection.

En ce rayonnement, elle-même s'admire,
Et de son propre amour, atteinte, elle soupire;
Elle se croit déesse et, des humbles mortels,
S'apprête à recevoir l'encens et les autels.
 — Agnès, dit-elle alors, contemplant son image,
Enfin, ton ennemi t'est venu rendre hommage;
Tu le vois à tes pieds, tu le vois plein d'ennui,
Qui recourt à ton aide et brigue ton appui,
A quel plus grand honneur aurais-tu su prétendre?
La gloire de ton nom plus loin ne peut s'étendre,
Désormais que sous toi s'abaisse la fierté
Sous qui le monde a vu succomber la beauté.
Ménage, heureuse Agnès, cet instant favorable,
Qui peut changer en mieux son état misérable;
Du gré de ton rival, va de lui te venger;
De ton prince, avec lui, va l'amour partager.
Va partager son sceptre, avec ton adversaire,
Mais ne te joins à lui que pour mieux le défaire;
Ne songe, en le sauvant, qu'à le faire périr,
Et te garde d'aimer qui n'a pu te chérir.
Le jaloux, à son aide, aujourd'hui ne t'appelle,
Que pour vaincre, par toi, l'invincible Pucelle;
Son danger lui fait seul ce remède embrasser;
La Pucelle chassée, il voudra te chasser.
Chasse-la de la Cour, puis lui-même l'en chasse (1).
Près du roi seulement songe à rentrer en grâce;

---

(1) Agnès semble en effet, s'être prêtée, par la suite, aux projets des ennemis de La Trémouille, et il est très vraisemblable qu'elle ne

Peu de temps suffira, pour rengager ce cœur,
Sous l'agréable joug de son premier vainqueur.
Mais il faut l'attaquer avec toutes tes armes,
Montrer tous tes appas, étaler tous tes charmes,
Et, déployant ta force et ta dextérité,
Pour la seconde fois, dompter sa liberté.
Vienne après cette Fille, effroi de l'Angleterre,
Pour t'ôter ce captif, te déclarer la guerre.
Malgré tout son pouvoir, ses cieux, ou ses enfers,
Tu retiendras ta prise en tes aimables fers,
 Roger entre à ces mots, et lui dit que l'Aurore
Eclaircit déjà l'ombre et commence d'éclore,
Qu'il est temps de partir et que les matelots
N'attendent qu'après elle à sillonner les flots.
 — Ma sœur, ajoute-t-il, de ta grandeur future
Renforce l'espérance avec ce bon augure;
Le vent frais, qui vers toi m'a si vite amené,
Pour seconder tes vœux, tout à coup s'est tourné.
Jusques dans ce désert, la fortune changée
Te vient faire raison de t'avoir outragée;
Elle vient au-devant de ta rare beauté,
Pour lui servir de guide au trône souhaité.
Sors donc, brillant soleil, de cette nuit profonde,
Et reviens de ta flamme illuminer le monde.
 Agnès, dans le désir d'aller luire à la Cour,
Abandonne à l'instant ce superbe séjour.

---

fut pas étrangère à l'indifférence que témoigna Charles, en 1432,
pour l'arrestation et l'exil de son favori.

Elle court vers le port, par Roger soutenue,
Et marque ses beaux pas dans l'arène menue.
Le vaisseau la reçoit sur un pont préparé,
Et de l'humide bord est soudain séparé.
Pour donner à sa course un chemin plus facile,
La Loire s'aplanit, et semble être immobile ;
Le pilote, à la poupe, alors vient se placer,
Et fait la voile au mât sur l'antenne hausser.
On ne voit plus aux cieux paraître aucune étoile,
Un amoureux zéphyr enfle la riche voile,
La chourme, en ses deux bords, suspend les avirons,
Et voit le fleuve calme, en tous les environs.
Contre le cours des flots, on ouvre la carrière :
L'eau bouillonne devant, et murmure derrière,
Le vent pousse, et l'endroit, où la proue a passé,
Garde longtemps d'écume un blanc sillon tracé.

Jargeau voit, cependant, par Dunois et la Sainte,
Avec tous leurs drapeaux, occuper son enceinte,
Et voit en tous ses toits, le camp victorieux,
Par les mains du sommeil, souffrir clore ses yeux.
Mais, avant que le jour sorte du sein de l'onde
Et rende la couleur à la face du monde,
Chacun, par la trompette, au départ excité,
Prend la route de Meun, d'un pas précipité.
On va, comme en volant, et le cours de l'armée
Laisse à peine sa trace en l'arène imprimée ;

Orléans la revoit, et, sous ses hauts remparts,
En retient, pour un temps, les braves étendards.
Honteux de n'agir point en sa propre querelle,
Son citoyen s'anime à combattre pour elle,
Et mille, des moins vieux, sur sa place enrôlés,
Volontaire recrue, aux soldats sont mêlés.
Vers Meun tire l'armée, et l'aube renaissante,
Lui fait voir de ses toits la cime blanchissante;
Les coureurs avancés y donnent brusquement,
Et franchissent, d'un saut, le bas retranchement.
De la tête du pont, au temps même, ils s'emparent;
Le défenseur se trouble et ses esprits s'égarent;
Il craint, il fuit d'abord, et le poste occupé
De peu de noble sang en demeure trempé.
Sans peine, la Guerrière emporte le passage,
Gagne, ainsi que les siens, l'opposite rivage,
Et, d'un pas de vainqueur, approche Baugency,
Devant que l'horizon soit partout « obscurcy ».
Au bruit de ses tambours, l'Anglais tremble et frissonne,
Abandonne le champ, la muraille abandonne,
Et, dans le seul château sur la ville élevé,
Croit du foudre français pouvoir être sauvé (1).
De ce sourcilleux fort la ceinture terrible
Borde un roc escarpé, hautain, inaccessible,

---

(1) La prise de Jargeau avait eu lieu le 12 juin. Le 13, Jeanne se rendit à Orléans pour réunir de nouvelles troupes, le 15, elle marcha sur Meun dont elle occupa le pont; le 16, elle était à Baugency et, le lendemain 17, elle prenait la place. Le 18, bataille de Patay.

Où mène un endroit seul, et de ce seul endroit,
Droite et raide est la côte, et le sentier étroit.
　L'Anglais, bien que sur lui tombe toute la France,
A l'abri de ce mur fait voir de l'assurance,
Et se figure encor qu'il peut du conquérant,
Par cette forte digue, arrêter le torrent.
Mais l'affreuse terreur, qui, contre la Pucelle,
Voit, dans cette espérance, obstiner le rebelle,
D'un si frivole espoir sourit amèrement,
Et, vers les champs bretons, vole soudainement.
　Vers la nuit, la Guerrière, arrive sous la place,
La somme vainement, vainement la menace,
Partout, aux environs, va les gardes poser,
Puis au camp, sous leur foi, permet de reposer.
Voyant du monde enfin les ténèbres chassées,
Elle éveille, en tous lieux, les troupes délassées,
Les assemble, et leur dit : — A vos vaillantes mains,
On ne peut opposer que des obstacles vains.
Il n'est rien de si grand, rien de si redoutable,
Où ne puisse aspirer votre cœur indomptable,
Et ce roc, qui si bas vous découvre au-dessous,
Va bientôt éprouver ce que pèsent vos coups.
Quoiqu'il soit défendu, par sa pente coupée,
Il va voir, sur sa cime, éclater votre épée,
Et quoiqu'à la nature, en lui, se joigne l'art,
Il va voir, sous vos pieds, l'orgueil de son rempart.
　Tous, d'un même transport, ces paroles entendent;
Tous l'attaque impossible, à haute voix, demandent;

CHANT CINQUIÈME.

L'Héroïne les loue et fait, dès ce moment,
D'un ample cavalier jeter le fondement (1).
Par ses ordres, en rond, la figure s'en trace ;
De gazon et de bois s'en compose la masse ;
D'heure en heure il se hausse et, dans moins de cinq jours,
De la superbe place il commande les tours.
Tout le camp à l'envie s'occupe à cet ouvrage ;
Son oblique chemin doucement se ménage,
Et sans être, en nul lieu, ni roide ni glissant,
Chacun le monte à l'aise, à l'aise le descend.
Dans cinq jours on l'achève, et déjà, sur le faîte,
Le foudroyant métal fait bruire sa tempête ;
Déjà les assiégés qu'elle voit au-dessous,
Malgré leur assurance, en redoutent les coups.

   Vers le bas de la Loire, une guerrière bande
Sur ce temps se découvre, et se découvre grande ;
Ses harnais sont polis et, battus du soleil,
Lui rendent un éclat à son éclat pareil.
L'effroyable terreur, turbulente et rapide,
Lui tient lieu, dans son cours, de trompette et de guide,
Fend les airs à sa tête et, d'un vol élancé,
La mène au boulevard, par la Sainte, pressé.
Elle a pour chef Artus, ce Breton magnanime (2),
Qui, sur cent nobles faits, bâtissant son estime,

---

(1) Amas de terre terminé en plate-forme sur laquelle on dressait des batteries.
(2) Le connétable Arthur de Richemont, fils de Jean V, duc de Bretagne. Il fut fait prisonnier à Azincourt. Nature chevaleresque, mais violente, il avait été l'agent de la fortune de La Trémouille, et c'est ce

17

Au degré le plus haut, où montent les soldats,
A l'ombre des lauriers, avait porté ses pas.
En cent occasions, sa force et sa conduite
Aux troupes des tyrans avaient donné la fuite,
Avaient de leur bonheur arrêté le progrès,
Et mis l'honneur du prince à couvert de leurs traits.
Mais la peste des Cours, la noire jalousie,
Contre tant de vertus, armant sa frénésie,
Le jeune Roi par elle, et surpris, et gagné,
L'avait indignement de sa grâce éloigné ;
Et ce fatal exil, cette injure soufferte,
Aux maux de la couronne ayant la porte ouverte,
Le valeureux Breton, par les siens, outragé,
Par son propre ennemi, se vit trop bien vengé.
Un cœur moins généreux eût aimé sa vengeance ;
Le sien ne put l'aimer, aux dépens de la France ;
Il la souhaita libre, et crut toujours devoir
Pour elle, quoique ingrate, employer son pouvoir.
 Ainsi, lorsqu'un amant, par son noble service,
A de ses envieux réveillé la malice,
Et que sa dame faible, et soumise à leur loi,
A d'un bannissement récompensé sa foi ;
Si de quelque grand mal il la voit menacée,
Il sent renaître en lui sa tendresse passée ;

---

dernier qui avait préparé sa disgrâce auprès de Charles VII. Il est vrai que cette disgrâce avait été motivée par l'attitude que venait de prendre le duc de Bretagne vis-à-vis de la France. Le connétable n'en eut pas moins la gloire de s'être associé à l'œuvre de Jeanne d'Arc, et d'avoir contribué plus tard à chasser les Anglais de la Normandie et de la Guyane.

CHANT CINQUIÈME.

Toute injuste qu'elle est, il la chérit toujours,
Et ne peut plus songer qu'à lui donner secours.
    Enfin, avec cent voix, la vague Renommée
Le vient entretenir de la Bergère armée,
Et, lui contant au long ses valeureux exploits,
La lui fait croire née au salut des « François ».
Au bruit d'une si rare et si haute merveille,
Le généreux Artus son courage réveille;
L'entreprise le charme; il y veut prendre part,
Ramasse sa puissance et hâte son départ.
Tout ce que la Bretagne a d'âmes belliqueuses,
Suit du héros breton les enseignes fameuses,
Et, de ses bords tiré, par l'espoir des combats,
Vers la Loire, après lui, précipite ses pas.
Ces invincibles cœurs, du fond de leur province,
Au secours de la France, accompagnent leur prince,
A ses commandements ont leur vouloir soumis,
Et brûlent d'affronter les drapeaux ennemis.
    Aux remparts d'Orléans, par le milieu du Maine,
Infatigable et prompt, leurs brigades il mène,
Et sur la Sarthe apprend que le sort est changé,
Et que Dunois assiège, au lieu d'être assiégé.
Sous Vendôme, il apprend, que de l'anglaise armée,
Par la valeur française à demi consumée,
Dans le fort Baugency, les restes ramassés,
Par le bras de la Sainte, allaient être forcés.
Il répute à malheur ces heureuses nouvelles,
Et, pour joindre Dunois, voudrait prendre des ailes :

— Ah ! compagnons, dit-il, pressons, doublons nos pas,
Et que l'Anglais, par nous, souffre quelque trépas.
Si nous ne nous hâtons de lui porter la guerre,
Nous aurons vainement traversé tant de terre,
Et ce dernier rempart, qu'attaque le « François »,
Sera, sans nous encore, asservi sous ses lois.
    Le Breton à ces mots, d'une course hâtive,
Jusques aux murs de Blois, ce même jour, arrive,
Dans l'ombre suit sa course, et, trompant le sommeil,
Est déjà loin de Blois, au lever du soleil.
A la fin, Beaugency lui découvre sa roche;
Le Français le découvre et le voit qui s'approche;
Il le juge ennemi, suspend tous ses travaux,
Et le va reconnaître, avec mille chevaux.
Il va, songe à combattre, et ses armes apprête;
Des escadrons serrés la Sainte prend la tête.
Artus la voit venir, arrête ses soldats,
S'avance seul vers elle et marche au petit pas.
Elle, à qui plaît du chef la guerrière assurance,
Au petit pas, vers lui, seule marche et s'avance;
Il a la lance haute, elle l'a haute aussi,
Mais prête à la coucher, lorsqu'il lui parle ainsi :
    — De grâce, fais-moi voir la vaillante Pucelle,
Qui remplit l'univers de sa gloire immortelle;
Des rivages bretons, je viens la visiter.
    — Tu la vois, répond-elle, et te peux contenter.
Il reprend : — O des cieux, merveille incomparable,
Au malheureux Artus montre-toi favorable;

Reçois-le au rang des tiens, et, comme ton soldat,
Laisse-lui, par ses faits, mériter de l'Etat.
Ses perfides rivaux, par leur noir artifice,
Contre lui, de son prince ont surpris la justice;
Leur adresse maligne a pu le lui ravir,
Et l'a réduit, par force, à ne le plus servir.
Toi, qui lis dans les cœurs, ô Sainte magnanime,
Vois si son infortune est l'effet de mon crime,
Si ses peuples, par moi, sont accablés de fers,
Et si je suis l'auteur des maux qu'ils ont soufferts.
Des lâches courtisans défends mon innocence,
Et sers toi de mon bras pour le bien de la France;
J'implore ta bonté, j'implore ton pouvoir,
Fais que je vive et meure en suivant mon devoir.
Tu vois, de mes vassaux la généreuse élite :
Leur naissance est illustre, illustre leur mérite;
Tout cède à leurs efforts, et le superbe « Anglois »
Est déjà, sous leurs coups, tombé plus d'une fois.
Je t'offre cette bande, et je m'offre avec elle,
A ta rare valeur, joins sa force et mon zèle,
Aux dangers les plus grands, éprouve notre foi,
Et crois que nous mourrons ou vaincrons avec toi.
　Elle répond alors : — Quelle lointaine plage
Du généreux Artus ignore le courage?
Quel climat si barbare et si peu fréquenté,
N'a pas su sa confiance et sa fidélité?
Oui, je reçois ton offre, et je tiens même à gloire
De remporter, par toi, le prix de ma victoire;

Je renforce mon camp de tes braves guerriers,
Et veux bien, comme à toi, leur devoir mes lauriers.
Ton monarque saura combien ton assistance
Aura de son pays hâté la délivrance,
Et sans plus écouter, ni jaloux ni flatteur,
Chérira désormais un si grand serviteur.
 A l'accueil obligeant de la Fille divine,
Sur l'arçon, devant elle, humblement il s'incline;
Elle tourne et l'emmène; il suit d'aise ravi,
Et des siens, vers le mur, en bon ordre est suivi.
L'assiégé qui le voit, et qui voit la Pucelle
Enfler ses escadrons d'une troupe nouvelle,
Glacé par la terreur, et du Français poussé,
Se sent de sa vertu, tout à coup, délaissé.

La nuit survient obscure et, du bras de la Sainte,
Dans l'esprit des Anglais vient redoubler la crainte;
Et la froide terreur, ses glaces y semant,
Leur fait de leur salut juger sinistrement.
Elle n'offre à leurs yeux que des objets funèbres,
Et la lumière à peine a banni les ténèbres,
Que, dans le désespoir d'un assez prompt secours,
Ils se montrent, sans dards, au sommet de leurs tours.
A ce signal de paix, l'attaque est suspendue;
La place capitule et soudain est rendue (1);

---

(1) Le bailli d'Evreux qui commandait la place, obtint une capitulation pour lui et les siens. A la nouvelle de la prise de Beaugency, les Anglais, dont l'armée s'était portée sur Meaux, ne songèrent plus qu'à

Douze enseignes d'élite et cinq forts étendards,
Sous la foi du traité, sortent de ses remparts.
Les démons, dont la rage a formé tant d'obstacles,
Cèdent à ce torrent de visibles miracles,
Et, trop faibles contre eux, veulent, pour quelque temps,
Cesser de traverser les Français combattants.
Jamais aucun dessein n'eut un cours si rapide;
D'un commun sentiment, c'est le Ciel qui le guide;
Le doigt de Dieu s'y voit, et, dans tout son progrès,
Paraît l'exécuteur des souverains décrets.
Les vaincus à Janville obtiennent qu'on les rende;
Un grand corps est choisi, Xaintrailles le commande;
Il va pour leur escorte et, dans Meun repassant,
Voit, contre lui, l'Anglais en bataille avançant.
 Le péril de Jargeau, sensible à l'Angleterre,
Avait porté ses chefs à retenter la guerre,
Et Talbot, avant tous, redevenu puissant,
Raccourait vers la Loire, en ce besoin pressant.
Mais, dans sa prompte marche, avisé de la prise,
Bien que ce mal le touche, il feint qu'il le méprise,
Et, sans laisser troubler son ferme jugement,
Tourne vers Beaugency, d'un soudain mouvement.
La véhémente peur de ce nouveau dommage,
Dans son valeureux sein, renforce son courage,

---

battre en retraite encore une fois. « Derrière une première troupe, conduite par un chevalier anglais, marchaient l'artillerie et les bagages, puis venait le corps de bataille sous les ordres de Falstolf, de Talbot, de Raveston; puis l'arrière-garde toute composée d'Anglais de race. » *Jeanne d'Arc*, par H. Wallon.

Il anime ses gens, et ses gens animés
Renforcent leur courage et marchent enflammés.
Talbot de Meun s'approche et, hors de sa muraille,
Aperçoit les Français, qui viennent en bataille ;
Puis voit un corps serré, de neuf fois cent soldats,
Se détacher du leur et venir à grands pas.
A l'aspect de ce corps, le cœur rempli de joie,
Pour les siens, il le juge une facile proie,
Commande, contre lui, douze gros escadrons.
L'ordre n'est pas donné, qu'ils partent vifs et prompts ;
Humford qui les régit, voit, et non sans merveille,
Que l'enseigne opposée à la sienne est pareille,
Puis à la contenance, à l'habit, à la voix,
Reconnaît que la troupe est d'amis, et d'« Anglois ».
Leur chef, en l'abordant, parle ensemble et soupire :
— Beaugency, lui dit-il, n'est plus sous notre empire ;
Il nous vient d'échapper et, le secours, douteux,
Nous a réduits à prendre un parti si honteux.

Humford à cet avis, l'âme pleine de glace,
Va surprendre Talbot par cette autre disgrâce ;
Et le brave Talbot, du coup inopiné,
Bien qu'il le cèle encore, a le cœur étonné.
Il se dit à soi-même : — Enfin si, sur la Loire,
Dunois s'est vu, partout, suivi de la victoire ;
S'il a, sous Orléans, notre lustre obscurci ;
S'il a forcé Jargeau, s'il a pris Beaugency,
Que lui reste-t-il plus, qu'à voir notre défaite ?
Pour la seconde fois, songeons à la retraite,

CHANT CINQUIÈME.

Cédons au plus puissant, révérons son bonheur,
Et laissons à sa gloire immoler notre honneur.

Dans un ordre serré, pour chercher un asile,
Aussitôt sur ses pas, il tourne vers Janville;
De temps en temps s'arrête, et montre à l'ennemi,
Sur un front découvert, un courage affermi.
Le cavalier français le poursuit de furie,
Et, dès le premier choc, rompt sa cavalerie;
Puis, en queue, à la tête, aux côtés, le chargeant,
Il le contraint de faire un cours moins diligent.

Talbot va lentement, mais toujours gagne terre,
Sans laisser perdre l'ordre aux troupes d'Angleterre;
Falstoll est devant tous, après tous est Humford;
L'un perce le Français, l'autre en soutient l'effort.
Longtemps, en cet état de guerre et de voyage,
L'Anglais marche et résiste avec peu de dommage,
Et déjà sous Patay, malgré tout, arrivé,
Voit les murs de Janville, et s'estime sauvé;
Quand la Sainte et Dunois, sur l'avis de Xaintrailles,
Quittent de Beaugency les conquises murailles,
Et, vers le fier Talbot, fendant le sein des airs,
Viennent environnés de foudres et d'éclairs.

A l'avis redoublé, qui les presse et represse,
Ils rasent les sillons d'une égale vitesse;
Avec eux est Artus, avec eux ses soldats,
Et l'aride terrain résonne sous leurs pas.
Mais ils ont beau piquer et beau lâcher la bride,
Leur carrière est en vain vigoureuse et rapide,

Un bois sombre et touffu, rencontré sur leur cours,
Les égare d'abord en ses confus détours.
Dans ses forts, vainement, plus d'un passage ils s'ouvrent;
Les Anglais à leurs yeux, par ce voile, se couvrent;
La chasse est en défaut, et le bouillant Dunois
Se plaint que son malheur lui dérobe l' « Anglois »;
Artus en paraît triste et regarde la Sainte :
— Marchons toujours, dit-elle, assurée et sans crainte,
Talbot sera ma proie, il ne peut l'éviter;
Le ciel, en ma faveur, va sa trace éventer.

Et, sur ce même temps, en ce lieu même, arrive
Un cerf, large de tête, et de taille excessive (1),
Qui d'un collier d'argent a le grand col armé,
Et l'argent, tout autour, de lis d'or est semé.
Ce cerf, depuis un siècle, en ces provinces erre,
Et jouit de la paix, au milieu de la guerre,
Par un heureux destin de gloire accompagné,
Respecté des veneurs et des chiens épargné.

---

(1) Les historiens n'hésitent pas à relater, eux aussi, la légende de ce cerf. Fourvoyé parmi les Anglais, le noble animal provoqua de la part de nos ennemis une telle clameur, que les Français prévenus, accoururent aussitôt. Les historiens se gardent, en revanche, d'attribuer à ce cerf la longévité invraisemblable et le patriotisme que Chapelain lui prête. Cette légende dans son sens exagéré, n'en est pas moins jolie, et le collier d'argent qui la rattache à l'avènement de Philippe VI, par la main d'une reine, est d'un tour agréable et vraiment ingénieux. En cela, d'ailleurs, Chapelain n'a fait que s'inspirer des vieilles chroniques.

Pris jeune sous la biche, il eut pour sa maîtresse
Du premier des Valois la femme chasseresse (1),
Et de sa noble main flatté, paré, nourri,
Vécut, parmi sa cour, animal favori.
Là, poussé d'un instinct, ou d'une connaissance,
Comme s'il eût prévu les succès de la France,
Par cent signes divers, mais signes évidents,
Il lui marqua toujours ses futurs accidents.
Rendu même aux forêts, et libre de servage,
De ce pressentiment il n'eut pas moins l'usage,
Et ne parut depuis que pour lui présager,
Ou son proche bonheur, ou son proche danger.
 La Sainte le découvre et : — Voilà, leur dit-elle,
Qui va dans un moment nous montrer le rebelle.
C'est le ciel, qui l'envoie; allons, et, sur ses pas,
Portons à l'ennemi la honte et le trépas.
 Le cerf, en ce moment, abandonne la place,
Et la Fille et Dunois le suivent à la trace,
Artus comme eux le suit, et tous trois, pleins d'ardeur,
Courent en le suivant, de pareille roideur.
Mais la légère bête, en sa longue carrière,
Prend toujours avantage et les laisse derrière;
Sans ailes elle vole et se perd devant eux;
Leurs pas encore un coup sont errants et douteux.
En vain chacun regarde, en vain chacun écoute,
De l'Anglais derechef ils ignorent la route,

---

(1) Jeanne de Bourgogne ou Blanche de France, car Philippe VI, devenu veuf de la première, épousa la seconde.

Et, d'un trouble nouveau, leur esprit, occupé,
Le juge, par la suite, à leurs mains échappé.
En cette incertitude, au plus fort de leur peine,
D'un endroit assez proche, où s'enfonce la plaine,
Mille effroyables cris, et confus, et perçants,
Par les routes de l'air, viennent frapper leurs sens.
Soudain, vers cet endroit, chacun tourne la bride,
Et redouble l'effort de sa course rapide ;
L'Anglais s'offre à leurs yeux, et fait voir que ce bruit
Est l'effet de l'état où le cerf l'a réduit.
Ils remarquent le cerf, qu'une fureur subite
Au travers de ses rangs, à grands sauts, précipite,
Remarquent qu'il les trouble et, devenu guerrier,
Semble avoir au Français envié ce laurier.

    La Pucelle s'écrie : — O Français magnanimes,
Le ciel à votre fer demande ces victimes ;
Il veut voir, sous vos bras, tout leur sang s'écouler,
C'est lui qui vous les offre, en état d'immoler.
C'est lui qui, par ce cerf, attaque le rebelle,
Lui qui, par son exemple, à vaincre nous appelle ;
Allez donc mettre fin à ses rebellions,
Et qu'un cerf aujourd'hui conduise des lions (1).

    Ils piquent, et Talbot voit sa perte infaillible ;
Mais, dans sa perte même, il veut être invincible,

---

(1) Jeanne ne tint pas tout à fait ce langage, mais toutes les paroles qu'elle prononça réellement témoignent de son enthousiasme et de la confiance qu'elle avait dans sa victoire. C'est en prévision de la fuite désordonnée de l'ennemi qu'elle demanda au duc d'Alençon : — Avez-vous de bons éperons ? » — S'adressant ensuite à Richemont :

Il est désespéré, mais non pas abattu,
Et médite un trépas digne de sa vertu.
 — Tel est un grand lion, roi des monts de Cirène,
Lorsque, de tout un peuple entouré sur l'arène,
Contre sa noble vie, il voit, de toutes parts,
Unis et conjurés, les épieux et les dards;
Reconnaissant, pour lui, la mort inévitable,
Il résout à la mort son courage indomptable;
Il y va sans faiblesse, il y va sans effroi,
Et, la devant souffrir, la veut souffrir en roi!
 — Serrons-nous, dit Talbot, et roidissant nos âmes,
Réveillons, rallumons nos généreuses flammes;
Soutenons ce grand choc et, de cœur nous armant,
S'il nous fait succomber, succombons vaillamment.
A ne nous point flatter, dans ce fatal orage,
Notre salut dépend de notre seul courage;
Si nous résistons mal, il nous faudra périr;
Nous n'avons que le choix de vaincre, ou de mourir.
Formons un bataillon, qui, partout, fasse tête,
Et, partout, du Français repousse la tempête,
Ces escadrons volants, contre un si ferme corps,
Feront pour l'ébranler d'inutiles efforts.
En cette extrémité ce remède est l'unique;
Allons, homme contre homme, et pique contre pique,

— « Ah! beau connétable, s'écria-t-elle, vous n'êtes pas venu de par moi, mais puisque vous êtes venu, vous serez bien venu. » — A tous elle disait : « Le gentil roi aura, aujourd'hui, la plus *grant* victoire qu'il eut *pikça* (de longtemps). Et m'a dit mon conseil qu'ils sont tous nôtres. »

Opposons notre bois, de pointes hérissé,
A ce bois que, vers nous, l'ennemi tient baissé.
   Suivant ce prudent ordre, ils forment leur bataille (1),
Composent de piquiers une épaisse muraille,
Attendent, résolus, un assaut furieux,
Et, partout menacés, menacent en tous lieux.
   La Sainte à la victoire excite sa vaillance,
Serre les deux genoux, couche sa forte lance,
Dans le milieu du gros, pousse son grand coursier,
Et rompt plus d'une pique en son chanfrein d'acier.
Par un si rude choc, il s'y fait ouverture,
Mais reçoit, dans le flanc, une large blessure,
Et, d'un sang écumeux répandant des torrents,
S'arrête, de faiblesse, entre les premiers rangs.
Sous le brave Dunois, et non loin de la Sainte,
Trébuche le sien mort, d'une semblable atteinte ;
Le Prince s'en dégage, et bien que démonté,
Attaque, et de l'Anglais n'est pas moins redouté.
Le chasseur Balibaud, à qui, dans son bocage,
Jamais fort ni buisson n'a refusé passage,
Se prétend faire jour au bataillon serré,
Et donne, homme et cheval, dans le fer acéré.

---

(1) Talbot, dans ses paroles, rappelle la tactique qui avait déjà si souvent réussi aux Anglais : « Les Anglais, dit M. H. Wallon, grâce à l'habile emploi des armes de trait, à l'excellence de leur infanterie, qui reléguait au second rang les brillants usages de la chevalerie, avaient acquis dans les combats en rase campagne un renom de supériorité, consacré par les souvenirs de Crécy, de Poitiers et d'Azincourt. Ce prestige se dissipait comme les autres. » *Jeanne d'Arc,* tome I, page 206.

Mais l'inflexible fer, sans se ployer qu'à peine,
Etend homme et cheval transpercés sur l'arène,
Et l'un, ainsi que l'autre, en rendant les abois,
Voit de combien le fer est plus dur que le bois.
Trois valeureux amis, Bins, Charlus et Courances,
S'unissent pour l'attaque et baissent leurs trois lances;
L'Anglais, au triple effort, sent ébranler son front,
Et, plein d'étonnement, et s'entame et se rompt.
Il est vrai qu'aux Français dure peu cette gloire;
De leurs mains aussitôt s'envole la victoire,
Et, par le front anglais rejoint et redressé,
Des trois, les deux sont pris, et l'autre est repoussé.

Artus, pendant ce temps, vers le front opposite,
Avec moins de vigueur, son barbe précipite,
Et, d'un projet rusé, par plus d'un feint assaut,
Tâte s'il aura l'heur d'en trouver le défaut.
Graville, à ses côtés, Xaintrailles et la Hire (1),
Chacun, d'ardeur pareille, à le trouver aspire;
Chacun tient à l'envi l'adversaire pressé,
Et chacun, de sa main, le croit voir terrassé.

---

(1) C'est la première fois que l'auteur fait intervenir le nom de La Hire. Il eût été difficile de le taire, à l'occasion de cette bataille, où le héros gascon, qui commandait l'avant-garde, ayant avec lui Poton de Xaintrailles, se couvrit de gloire. « On leur avait laissé charge, dit un chroniqueur, d'aller courir et escarmoucher devant les Angloys, pour les retenir et garder d'eux retraite en lieu fort. Ce qu'ils feirent, et oultre plus, car ils se frappèrent dedans eulx de telle hardiesse, combien qu'ils ne feussent que quatorze a quinze cens combatans, qu'ils les mirent en desaroy et desconfiture, nonobstant qu'ils estoient plus de quatre mil combatans. »

Cran s'avance plus qu'eux, plus qu'eux la Hunaudaie,
Et chacun en rapporte une profonde plaie;
Le sable, aux environs, en demeure abreuvé;
Le Breton, au combat, en va plus réservé.
Kermelec et Brémor, à qui cède, en adresse,
Tout ce que mène Artus de vaillante jeunesse,
S'ajustent pour l'attaque, et l'un d'eux biaisant
Fait, sur lui, de plusieurs tourner le fer luisant.
L'autre qui voit l'Anglais ouvrir son ordonnance,
Dans l'espace accordé rapidement s'élance;
Mais, par ses compagnons, négligemment suivi,
A la clarté du jour il est soudain ravi.
Karadreux, qui de près sur la gauche le serre,
Joint, à son choc de foudre, une voix de tonnerre,
Mais, atteint au gosier, par l'un de ces longs bois,
Il perd, d'un même coup, et la vie, et la voix.

    Talbot enveloppé de deux forces égales,
Dépêche Humford vers l'une, et vers l'autre Descales,
Et, tenant le milieu, fournit de toutes parts
Le renfort nécessaire à ses guerriers épars.
Falstolf et Raveston, dans ses ordres, l'assistent,
Et tous deux aux Français, sous ses ordres, résistent;
Tous deux, par leur exemple, autant que par leur voix,
A résister, comme eux, excitent les « Anglois ».
Là, chacun des partis témoigne sa puissance,
Là, le sort incertain se maintient en balance,
Et là, les assaillis, de désespoir, vaillants,
Répondent, par leurs coups, aux coups des assaillants.

D'un et d'autre côté, sous de mortels efforts,
On voit le champ couvert de blessés et de morts.
  De ce progrès si lent la Guerrière s'irrite,
Veut vaincre, et sa valeur à la victoire excite,
Excite son cheval, par des cris violents ;
Mais, sous elle, il trébuche, à ses derniers élans.
L'épée en une main, en l'autre la rondache,
De plus près, au rebelle alors elle s'attache,
Le charge de pied ferme et, malgré tout, enfin,
Au travers de ses rangs, s'ouvre un ample chemin.
  La Sainte, en s'avançant, de sa troupe suivie,
Veut ôter à Talbot la franchise, ou la vie ;
Lui, qui se voit perdu, l'apercevant venir,
Se veut perdre avec elle et va la soutenir.
En ce danger fatal, d'une héroïque rage,
Il se sent tout à coup enflammer le courage,
Envisage la Sainte et, puisqu'il faut mourir ;
Au moins, en périssant, la veut faire périr.
D'un véhément effort il se darde vers elle,
Et reçoit de son fer une atteinte mortelle ;
L'un à l'autre s'attache, et bras à bras s'étreint ;
D'un sang noir et fumeux l'aride champ se teint.
  Artus, dont jusqu'alors l'adresse et la vaillance
N'avaient pu de l'Anglais forcer la résistance,
La force en ce temps même et, presque en un moment,
Au fond du bataillon passe triomphamment.
Dans ce cours glorieux il vient jusqu'à la place,
Où Talbot, embrassé, son ennemie embrasse ;

Elle, voyant Artus, lui crie à haute voix;
— Prince, j'ai dans mes mains le bonheur de l'« Anglois ».
La victoire douteuse est désormais certaine;
Talbot n'agissant plus, nous l'obtiendrons sans peine.

Talbot à ce discours, d'un élan vigoureux,
S'efforce, quoique en vain, de sortir de ses nœuds.
Il se rend, et la Sainte à ses gardes le donne (1);
Le général captif, ce qui reste s'étonne,
Laisse choir, sur-le-champ, ses piques et ses dards,
Perd le soin des drapeaux, et fuit de toutes parts.
Humford, qui voit des siens la fortune détruite,
Use de tout son art, pour arrêter leur suite,
Se sert de la prière et du commandement;
Mais l'effroi leur ravit, et cœur, et jugement.
Chacun, sans écouter reproche, ni menace,
D'un désespoir commun, abandonne la place;
Descales et Humford, dans ce confus débris,
Par le brave Dunois sont, et chargés, et pris.

---

(1) Ce n'est pas Jeanne, mais bien Xaintrailles qui fit Talbot prisonnier. — « Vous ne pensiez pas, ce matin, que cela vous arriverait, » dit le duc d'Alençon au captif, comme on venait de le lui présenter. — « C'est la fortune de la guerre, » répondit celui-ci. Xaintrailles obtint de Charles VII l'autorisation de rendre la liberté à son prisonnier, sans en exiger de rançon. Les Anglais ont prétendu que l'illustre capitaine avait fait trois ans de captivité en France. Cela est tout à fait impossible, puisque dès 1430, Talbot s'empara de Laval. L'année suivante, dans une rencontre en Normandie, il fit, à son tour, Xaintrailles prisonnier. Et il s'acquitta de sa dette, en lui rendant généreusement sa liberté. Chapelain veut que le célèbre capitaine ait été délivré par son fils, peu après la bataille.

Falstolf moins malheureux, suivi de quatre mille,
Evite les liens et tire vers Janville;
Mais ce mur, redoutant le courroux du vainqueur,
Se tient clos aux fuyards et redouble leur peur.
Le dernier corps français, d'une course hâtive,
Dans le champ de bataille, en ce temps même, arrive,
Et, sur l'Anglais épars, exerce, avec horreur,
Tout ce que la licence inspire à la fureur.
Tout, sans distinction, passe au fil de l'épée,
De sang, en mille endroits, la campagne est trempée;
On ne voit, en tous lieux, que morts ou que mourants,
Leur sort est inhumain, mais digne de tyrans.
Le diligent Falstolf, et sa tremblante suite,
Par des chemins cachés, font une heureuse fuite (1),
Xaintrailles les poursuit et les poursuit en vain;
Corbeil, fidèle et sûr, les reçoit dans son sein.
Janville arbore alors l'étendard de la France,
Et désormais aux lis veut rendre obéissance;
La Sainte, en son pouvoir ayant reçu ses tours,
En belliqueuse pompe y termine son cours (2).
 L'infortuné Talbot, à qui mille blessures
Seraient moins que les fers importunes et dures,

---

(1) Cette *heureuse fuite* valut à Falstoff la plus cruelle des disgrâces : la dégradation. Il obtint sa réhabilitation plusieurs années après, mais les Anglais ne lui pardonnèrent jamais la lâcheté qu'il montra ce jour-là.

(2) Tant morts que prisonniers, on estime que les Anglais perdirent 5,000 hommes à la bataille de Patay. La campagne de la Loire avait duré huit jours.

A pas tristes et lents, de gardes entouré,
Suit les pas des Français, morne et désespéré.
 Ce guerrier suit à peine, et, d'espace en espace,
La douleur de son coup l'arrête sur la place ;
La douleur de sa prise altère sa raison,
Et lui fait préférer la mort à la prison.
Il marche toutefois, et s'emporte de rage
Contre l'injuste sort qui cause son servage,
Quand la nuit, survenant, pleine d'obscurité,
Par un heur imprévu, lui rend la liberté.
 Le brave Lionnel, fils de ce brave père,
Et le soutien naissant de la gloire étrangère,
Des britanniques bords naguère retourné,
Fut à ce grand exploit, par les cieux destiné.
Pour faire une levée, et nombreuse, et soudaine,
Talbot l'avait laissé sur les bords de la Seine ;
Le parti de l'Anglais, dans ses présents travaux,
Manquant également d'hommes et de chevaux.
Lui qu'un respect cruel force à l'obéissance,
N'omet, pour cet amas, ni soin ni diligence,
Le commence, l'achève, et part, en même temps,
Suivi d'un corps nombreux de nouveaux combattants.
Vers Jargeau, puis vers Meun, d'une course rapide,
S'avance, avec les siens, ce courage intrépide,
Et s'il craint quelque chose, en ce projet guerrier,
C'est que Talbot, sans lui, n'en cueille le laurier.
Il n'a point d'autre peur ; mais, ô peur décevante,
Il voit l'événement contraire à son attente ;

CHANT CINQUIÈME.

Proche du haut Janville, il voit, de toutes parts,
Les sillons étendus semés d'Anglais fuyards.
L'un d'eux, pâle et tremblant, l'instruit de leur défaite ;
La troupe s'en effraye et songe à la retraite ;
Lui, de tout son pouvoir, tâche à la rassurer,
Et, contre les vainqueurs, va sans délibérer.
— Allons, dit-il, amis, employer nos épées
Sur ces bandes, sans ordre, à la proie occupées ;
Allons venger Talbot, et, par notre valeur,
De l'Anglais déconfit réparer le malheur.
Quoi ! venir de si loin pour ne rien entreprendre ?
Assaillons l'assaillant, forçons-le à se défendre,
Ou, s'il nous faut tomber sous son puissant effort,
Rachetons notre honneur au prix de notre mort !
Il part en finissant, et le jour qui s'efface
Contribue au succès de sa guerrière audace ;
Ses soldats ranimés accompagnent ses pas,
Et même du Français espèrent le trépas.
Et voilà qu'à ses mains la Fortune présente
Des tristes prisonniers la troupe languissante ;
Il en charge la garde et, par cent rudes coups,
Signale et satisfait son généreux courroux.
Sans peine il la dissipe ou l'étend sur la terre ;
Elle cède aux éclats de ce subit tonnerre ;
Talbot, dans ce malheur, trouve sa liberté ;
Son fils le reconnaît et d'aise est transporté.
Il l'embrasse et pour lui désormais appréhende ;
Désormais son ardeur est moins vive et moins grande,

Et désormais il croit, le voyant délivré,
Que c'est avoir vaincu, que l'avoir rencontré.
Jaloux de ce trésor, maintenant il ne pense
Qu'à le mettre à l'abri des armes de la France,
Ordonne la retraite et, pour sa sûreté,
Ne voit pas sans plaisir croître l'obscurité.
Loin des chemins battus, de bocage en bocage,
Vers Paris il s'avance et hâte son voyage;
Talbot du sang qu'il perd baigne tout son cheval;
Lionnel le soutient et console son mal.
De cet événement la Guerrière informée,
Après eux aussitôt met la fleur de l'armée;
Trente escadrons épars les cherchent en tous lieux,
Mais l'ombre de la nuit les dérobe à leurs yeux.

FIN DU TOME PREMIER.